绘本中的炮舰外交 III

内河航行权与轮船公司

作者/插画 姚开阳

目录

前言 1

早期轮船 1
太古洋行 10
怡和洋行 26
英商铁行轮船公司 38
德忌利士洋行 43
日清汽船 49
其他日本航运商 57
大来洋行 66
其他西方轮船公司 71
德奥战利船 82
美孚与蚬壳火油轮船 89
台湾商务局航运 94
二战前的招商局 100
二战后的招商局 118
省港澳航运 132

川江航运与民生公司 140

东北内河航运 149

其他华籍航运商 154

中华人民共和国航运事业 164

渡轮 172

海关与邮政电信轮船 179

附录 在中国海域经营的航运商船旗 198

前 言

从清朝末年到民国初年的中国近代史，伴随着割地赔款与各种不平等条约，在不平等条约中有一项内容是"内河航行权"。随着内河航行权而来的就是大批列强的浅水炮舰进驻中国内河水域，成为"炮舰外交"最鲜明的标记。内河航行权是怎么来的？我们不能简单地以帝国主义贪婪的侵略野心来解释。最早英国人来到中国想要获得平等贸易的机会，但清政府拒绝开放市场，从而引发了鸦片战争，之后虽然被迫开放五口通商，但仍然拒绝西方船只进入内河。这原属国家主权范围，西方列强本来也无从置喙，但中国传统风帆木船的航行效率太差，内陆货物无法顺畅进出，事故不断，还造成货物损失，让五口通商形同虚设，甚至连洋行自己的生活物资供应都不能确保，所以各国强烈要求由自己的船只来承担运输，清政府官员惧怕洋人，不得不答应，这就是内河航行权的开始。

本来内河运输是中国人自己的专属权利，如果清政府能有效地加以建设管理，与对外贸易开放配套，则中外两蒙其利，但因清政府保守颟顸，不但不积极解决问题，反而禁止华商使用轮船，让洋人有了借口。洋人获得了内河航行权并引进运输效率与安全性更高的轮船，让传统使用木帆船的华人航运商无法匹敌，更造成外国人可以用轮船本国人反而不行的奇特现象。华商想到的应对之策就是将购买的轮船向西方领事馆注册，从而让自己的轮船能够悬挂外国国旗，如此不但可以合法经营内河航运，还能获得列强政府的保护，免受清朝地方官员的敲诈。

不过当时中国内河的治安并不好，盗匪遍地，抢劫货物、杀人焚船灭迹的事时有所闻，领事馆既然收了华商船籍注册的费用，自然必须解决这个问题，如果清政府不能保证航运安全，列强就只好自己设立镖局护航，这就是各国向中国派驻浅水炮舰队的由来。以法国在四川为例，法国在川江航运利益并不见得比其他国家多，但四川华商很多船只都向法国领事馆注册，悬挂法国国旗，所以法国海军在重庆江边特别建造了一座"法国水师营"，常驻几艘浅水炮艇，保护悬挂法国国旗的船只安全，算是对客户的"售后服务"。

1914年第一次世界大战爆发，中国曾经以中立国身份对各参战国驻华军舰统一解除武装，但都只是名义上的，只有德国的几艘炮艇与商船因为中国1917年参战，而被实质扣押成为战利舰。德国的内河航行权利最终因为战败，在第一次世界大战后完全退出中国。到了1926年，来自广州得到苏联支持的国民革命军开始北伐，各地的学生受到鼓舞，掀起声势浩大的反帝运动，冲击租界与西方人产业，导致各国开始向中国增派军队，八国联军事件似乎将要重演，但在蒋介石1927年倒向西方阵营后危机解除，除了部分租界收回，其他一切如旧。

1941年底，太平洋战争爆发，日本对英、美等国宣战，所有西方列强在中国的特权包括内河航行权全部归日本一家独享。1942年3月，英、美两国宣布废除在华包括内河航行权的不平等条约，并将当时驻重庆的四艘浅水炮舰赠予中国，以表示对同为盟友的中国政府的善意。事实上当时中国所有的出海口都已被日军占领，四艘浅水炮舰长期被困在长江上游无法出海回国，等于是无用之物，不如做个顺水人情送给中国。

日本在华独享内河航运的利益随着1945年的战败投降而结束。战后美国海军舰艇大量进驻上海、青岛等地，同时浅水舰艇又再次深入长江上游。此时不平等条约已经废除，中、美双方签订了新约，互相可以航行于对方的内河，但因战后美国势力如日中天，多的是可以来华经营内河航运的大航运商，而有能力在美国内河开展经营的中国航运商一家也没有，所以表面看起来是平等的条约，实际上还是不平等。不过1949年中华人民共和国成立，所有西方势力都被驱逐出中国，传统定义的"炮舰外交"时代在中国才正式结束，但其他形式的"炮舰外交"随着冷战时代的开始在世界各地仍然经常可见。

"内河航行权"是"绘本中的炮舰外交"第三辑。在第一辑《近现代中国与大航海时代》中，我们从大航海时代叙述了近现代中国与海洋相关的历史；第二辑《列强派驻中国舰船》中，介绍了不平等条约时代列强驻华海军舰艇；第三辑《内河航行权与轮船公司》，我们除了介绍各大洋行航运商，还介绍了中国近代轮船航运、渡船、海关等与水上交通有关的历史。本书以绘本的形式呈现，通过大量精美的水彩插画，让读者好像进入电影场景，体验那个"火轮船"初次在古老中国水域出现，东西方文明剧烈碰撞年代的氛围。因篇幅有限，文字部分无法完全展开，有兴趣的读者可以根据关键字上网搜寻更多内容。

 中国军舰博物馆馆长
姚开阳

早期轮船

鸦片战争时期,清朝官员见英国船"以筒储火、以轮激水",便仿效"以人易火",创造出"车轮船",以人力踩踏木轮划水前进,原理与农田灌溉的水车类似,相对于西方的"火轮船"。这种人力车船也被称为"水轮船",林则徐对此寄予厚望,曾试制数艘,但对大局终无帮助。鸦片战争之后西方"火轮船"大举进入中国水域,没有实用价值的"水轮船"随即消失,只有"火轮船"一统天下,从此垄断"轮船"之名。

早期轮船

林则徐颇为中意的"水轮船"虽然到了民国时代还在广东地区的内河可以看到,但"火轮船"早已成为主流,并摘掉"火"字垄断了"轮船"的名称。图中可见一队苦力在船尾踩踏水轮拨水前进,这种方式既不能载重,更不能越洋,显然没有发展价值。

内河航行权与轮船公司

"复仇英雄"号是鸦片战争中英国的 4 艘蒸汽轮船之一。它并非英国皇家海军的军舰，而是隶属于东印度公司的铁壳明轮船，1839 年 11 月 23 日下水，船长 28.8 米，宽 9.6 米，深 2.7 米，660bm 单位（旧式排水量单位）。装备 2 门 32 磅、5 门 6 磅炮，还有火箭发射器。船上成员包括搭载的陆战队总共有 93 人。在鸦片战争时轮船作为战斗舰艇技术尚不成熟，英军主要战舰仍是风帆动力，蒸汽轮船大多作为运输舰使用。

早期轮船

正式记录最早出现在中国的火轮船是英国东印度公司的蒸汽明轮运输船"马达加斯加"号（PS Madagascar），它于1840年6月16日来到广州，林则徐的奏报中曾提到这艘"车轮船"。"马达加斯加"号曾在鸦片战争中担任运输船。1841年9月在印度大修完毕返回香港时，在台湾海峡南端遭遇台风，加上煤舱发生火灾引起弹药库爆炸而沉没，船员被中国俘虏后逃回。

内河航行权与轮船公司

1856年美国明轮汽船"威拉米特"号开到广州,背景是广州的"十三行"商馆区,不久就因"亚罗船事件"被烧毁,引发第二次鸦片战争。

早期轮船

美商旗昌轮船公司（Shanghai Steam Navigation Co.）于1862年在上海成立，到1872年拥有的轮船数已达18艘，成为东亚最大船队，并且垄断了长江内河航运。图为蒸汽明轮船"上海"号驶过武昌黄鹤楼前。这座黄鹤楼于1884年毁于大火，后来在原址建成一幢洋楼。旗昌轮船公司于1877年将全部轮船、码头、货栈以222万两白银的价格出售给中国新成立的招商局，可以说招商局完全是建立在旗昌轮船公司的基础上。

内河航行权与轮船公司

中国第一艘轮船是1854年由宁波商人向宝顺洋行购入的英国制三桅蒸汽明轮船"宝顺"号。该船装备两门红衣大炮兼作缉盗使用。由于当时适逢太平天国运动,清朝水师无力对抗太平天国,商人只好靠自己。"宝顺"不仅是中国第一艘轮船,也是第一艘蒸汽军舰,比清朝后期未能成军的"阿斯本舰队"还早。

早期轮船

图为江南制造局迁至高昌庙建立船坞后建造的第一艘轮船"恬吉"号在黄浦江上测试。该轮是明轮船的型式。虽然之前有试造过一些小火轮，但真正意义上中国第一艘自制轮船是"恬吉"号，后因避光绪皇帝的名讳，改名为"惠吉"号。

内河航行权与轮船公司

颐和园中有一艘日本政府在1907年送给慈禧太后的游艇"永和"号，这艘船由神户川崎制造所建造，船长22.1米，宽3米，重25.9吨，由小型锅炉蒸汽机驱动两侧明轮航行。"永和"号通常担任拖船，拖曳慈禧的画舫前进。本图就是从慈禧太后的座船上看向前方的"永和"号。

太古洋行

　　太古洋行（Swire Group）在航业界的触角很多，包括中国航业公司（China Navigation Co. 总部设在伦敦，太古洋行是该公司的大股东）、海洋轮船公司（Ocean Steam Ship Co.）、中国互助轮船公司（China Mutual S. N. Co.）、太古轮番公司（Tai-Koo Chinese Navigation Co.）、蓝烟囱轮船公司（The Blue Funnel Line）、澳洲东方轮船公司（Austrialian Oriental Line）及香港太古造船厂（Hong Kong Tai-Koo Dock Yard & Engineering Co.）等，太古洋行都是其代理商或拥有者。

　　"太古"中文名的来源有一个很有趣的传说。早年老板约翰·塞缪尔·斯维尔（John Samuel Swire）要为公司取个中文名，看到香港当地中国人春节门上都贴着"大吉"，感觉很吉利，但斯维尔不识中文，依样画符最后成了"太古"。

内河航行权与轮船公司

像太古洋行这种大型航运商在长江各口岸都设有码头，不过由于江边水浅，所以大多数都在离岸以趸船作为浮码头上下客，并经由栈桥与陆地连接。图为19世纪末"北京"号江轮停靠南京太古码头。

太古洋行

1898年9月21日戊戌政变爆发，维新派"六君子"被杀，康有为搭乘英商太古洋行的"重庆"号轮于当日上午11时自天津逃往上海，直隶总督荣禄曾派"飞鹰"舰追捕。以"飞鹰"舰22节的速度追上慢速的商船绝对绰绰有余，然而"飞鹰"舰管带刘冠雄中途竟声称舰上燃煤用尽自行返航，康有为因此得以保住性命，流亡海外成为保皇党的首领。

太古洋行"沙市"轮是典型的长江内河客货轮船,下层是货舱与统舱,有大的舱门可以直接从码头上下货,上一层甲板是客舱,最上层是一等舱与餐厅。由于内河航行不会有大风浪,所以稳定性与水密的要求一般比海轮低。"沙市"轮在香港建造,1930年代专行汉口宜昌线,图为"沙市"轮停泊于汉口长江边。

太古洋行

  内河航行权与轮船公司

太古洋行是在华外商航运公司中规模最大的，而且不仅在海运，在内河航运也是居于霸主的地位。此外它还从事进出口贸易业务。

今日的太古洋行经营的国泰航空公司，在中国台湾地区的航空市场依然是执牛耳的地位，颇有当年内河航行权时代的遗风。图为太古洋行的轮船进入上海黄浦江，船艏飘扬的就是太古洋行的船旗，式样至今未变。

太古洋行

 内河航行权与轮船公司

各大航运商在长江水系的航运业务分为三段，即上海到汉口、汉口到宜昌、宜昌到重庆。这三段水深不同，所以使用的船只大小与吃水也不同，必须在汉口与宜昌换船才最有效益。各航运商中以太古洋行最具实力，以下为太古在1930年代长江内河航线的布局：

上海、汉口线配备"安庆"号（3427吨）、"鄱阳"号（2551吨）、"大通"号（2548吨）、"温州"号（3118吨）、"武昌"号（3204吨）、"芜湖"号（2938吨）、"黄埔"号（3204吨，如图）、"武穴"号（2938吨）、"吴淞"号（3426吨）等轮船，经镇江、南京、芜湖、九江。

汉口、宜昌线配备"长沙"号（2493吨）、"湘潭"号（1195吨）、"沙市"号（1327吨）等轮船。

宜昌、重庆线经过四川万县，配备"万通"号（1114吨）、"万县"号（868吨）、"金堂"号（422吨）、"嘉定"号（423吨）、"绥定"号（296吨）、"秀山"号（296吨），另有"万流"号等轮船。

太古洋行

内河航行权与轮船公司

除了长江干流的主要航线外,支流也有许多业务需求,譬如湘江。各家公司的湘江航线都是由汉口转运,譬如太古洋行的汉口、长沙经岳州航线配备"吉安"号(1195吨)一艘,冬季停航。汉口、长沙、常德枯水期短程航线配备"长乐"号(248吨)、"城陵"号(141吨)、"靖港"号(250吨)、"君山"号(158吨)、"常宁"号(251吨)、"常德"号(244吨)、"朱亭"号(207吨)、"镇阳"号(144吨)等小轮船。

怡和洋行的汉口、长沙、湘潭航线经岳州,船只由汉宜线调度。日清汽船公司的汉口、长沙线配有"武陵丸"(1298吨)、"湘江丸"(883吨)、"沅江丸"(857吨)及"松丸""梅丸""樱丸"等拖轮拖带多艘驳船。

图为太古洋行的"朱亭"号拖轮在湘江的岳阳楼前。太古洋行的轮船命名一如上海公共租界的街道,习惯上以中国的省市地名来命名。

太古洋行

太古洋行于 1886 年在苏格兰订造的"济南"号客货轮有漂亮的飞剪船艏,这是当时最流行的样式。本轮几经易手最后成为苏联海军的船只。

太古洋行"舟山"轮在威海卫（位于今山东威海市）附近海域触礁。

太古洋行

 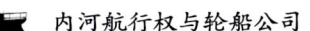 内河航行权与轮船公司

1870年，太古洋行在汕头设立分公司，并设有专属码头、仓库及办公室。1892年开始建造木栈桥，这是汕头港的一个特色。从前汕头港共有6座木栈桥，太古洋行就占了4座，剩下2座分属招商局与怡和洋行，可见太古洋行在汕头甚至整个华南航运市场的地位。1922年的大台风曾对汕头码头的栈桥造成严重破坏。

图为太古洋行的"广州"轮准备停靠栈桥。太古洋行在本航线配备4艘轮船，每周都有航次，但汕头只是中途站。货物有从牛庄运来东北的黄豆豆饼，回程则是运送华南的蔗糖到北方。

太古洋行

太古洋行 1950 年代来往于香港与台湾之间的"四川"轮大雨中在基隆港靠岸。在民航业还不发达,台湾又相对封闭的年代,"四川"轮是台湾对外交通的重要载具。

太古洋行海运航线与轮船

太古洋行除了内河航运，在中国沿海与周边国家的航运也是居龙头地位。以 1934 年时的统计，当时太古洋行在华经营 14 条航线，主要航线配备轮船如下：

* 上海—香港—广东线：配备"山东"号（2549 吨）、"苏州"号（2604 吨）、"新宁"号（2555 吨）、"新疆"号（2646 吨）、"绥阳"号（2590 吨）、"四川"号（2604 吨）、"太原"号（2994 吨）、"济南"号（2994 吨）、"庆元"号（2653 吨）、"广东"号（2626 吨）、"琼州"号（2653 吨）、"颖州"号（1992 吨）、"汉阳"号等轮船，经厦门与汕头。此条航线由于连结省港沪，所以与中国近代史关系密切，譬如孙中山等革命党人就经常搭乘。

太古洋行省港沪航线曾经发生的船难有：1906 年 10 月 14 日清晨，省港客轮"汉口"号在抵达码头时船尾着火，全船立成火海焚毁，事后检查发现尸体 130 具，但实际死亡人数可能是这个数字的一倍以上。1910 年 4 月 24 日"汉阳"轮在厦门鱼山洋面触礁沉没，200 余人死亡。

* 上海—天津线：配备"盛京"号（2999 吨）、"顺天"号（1758 吨）、"通州"号（2104 吨）等轮船，经威海卫及烟台。其中"通州"轮曾在吴淞口外 10 海里处被海盗抢劫，上有数十名外籍学童，这些学童后来在大鹏湾获救。还有一艘"舟山"轮则在威海卫触礁沉没。

* 上海—安东线：配备"成都"轮（2219 吨）一艘，每年 11 月至次年 3 月因封冻停航。

* 上海—宁波线：配备"新北京"轮（2866 吨）一艘，由上海直达宁波。

* 上海—大连—营口—香港—广州线：配备"临安"号（2211 吨）、"大名"号（2209 吨）、"德安"号（2202 吨）、"金华"号（2207 吨）等轮船，为每周航次，冬季停航营口。

* 香港—新加坡线：配备"安徽"号（3494 吨）、"安顺"号（3188 吨）等轮船，经厦门、汕头，回程经海口、汕头、厦门，为每周航次。

* 香港—曼谷线：配备"嘉应"号（2626 吨）、"广州"号（2626 吨）、"江苏"号（2621 吨）、"张家口"号（2655 吨）等轮船，经汕头，为每周航次。

* 广州—天津线：配备"湖南"号（2826 吨）、"海口"号（2798 吨）等轮船，经香港、福州、威海卫、烟台。

* 香港—海口—曼谷线：配备"贵阳"轮（2644 吨）一艘，三周一航次。

* 厦门—马尼拉线：配备"安庆"轮（3427 吨）一艘，每月三个航次。

怡和洋行

　　怡和洋行（Jardine Matheson & Co.）又称查甸洋行，是印度中国航业公司（Indo China Steam Navigation Co.）的在华代理商。怡和洋行另外还代理上海虹口栈桥公司（Shanghai & Hong Kong Whart Godown Co.）、日本内外海运会社（Naigai Kaiun Kabushiki Kaisha）、美满轮船公司（American & Manchurian Line）及爱拉曼公司（Merman & Backnall S. S. Co.）等与航运相关的业务。

　　当年怡和洋行在长江内河的客运品质在各国以及招商局等航运商中，被乘客评价第一。太平洋战争时期，怡和洋行在上海的公司被日本三井商社接管，船只大部被征为军用调往南洋，虽于战后复业，但声势已大不如前，1950年后退出大陆。

内河航行权与轮船公司

怡和洋行（Jardine Matheson & Co.）又称查甸洋行，1832 年在中国创立，最初由鸦片贸易起家，是最老牌的洋行。图为怡和洋行最初位于香港本岛的总部（画面最右），转角的街道是毕打街（Pedder Street）。

怡和洋行

位于上海外滩 27 号的怡和洋行大厦落成于 1922 年,是怡和洋行在此土地上的第三代建筑。1982 年顶楼增建两层,成为今天的面貌。

怡和洋行航线与轮船

相较于太古洋行，怡和洋行更为重视客运业务，其经营印度中国航业公司在华航线在 1934 年时有：

* 香港—印度—日本线：香港经新加坡、槟榔屿至加尔各答每 10 天一班；加尔各答经香港、上海至神户，每三周一班。配备有"吉生"号（5847 吨）、"昆生"号（5415 吨）、"浩生"号（5698 吨）、"源生"号（3229 吨）、"瑞生"号（3229 吨）等轮船。

* 香港—婆罗洲线：香港至山打根每两周一班，配备有"茂生"号（3372 吨）、"顺生"号（2929 吨）等轮船。

* 广州—香港—青岛线：经汕头、上海，每周两班。

* 广州—香港—上海线：经汕头、厦门、福州，每周两班。

* 广州—香港—天津线：经汕头、福州、威海卫、烟台，定期班。

* 上海—天津线：经威海卫、烟台，每周两班，配备有"定生"号（2256 吨）、"阜生"号（2256 吨）、"利生"号（1655 吨）等轮船。

* 上海—福州线：每周一班，配备有"捷生"号（1984 吨）一艘。

* 上海—汉口线：经镇江、南京、芜湖、九江，每周六班，配备有"公和"号（4633 吨）、"隆和"号（3923 吨）、"德和"号（3770 吨）、"瑞和"号（2672 吨）、"吉和"号（2665 吨）、"联和"号（2868 吨）、"湘和"号（2595 吨）等轮船。

* 汉口—宜昌线：经岳州、沙市，配备有"江和"号（2209 吨）、"平和"号（2671 吨）、"同和"号（1337 吨）、"宝和"号（2516 吨）等轮船。

* 汉口—长沙—湘潭线：经岳州，船只由汉宜线调度。

* 宜昌—重庆线：经万县，配备有"嘉和"号（1311 吨）、"福和"号（953 吨）、"庆和"号（617 吨）、"新昌和"号（500 吨）等轮船。

怡和洋行另有"汉和"号、"明和"号、"顺和"号等小轮船及"怡和 6 号"至"怡和 31 号"等拖轮，专门行驶长江航线。其中"顺和"轮被抢劫并焚毁。

怡和洋行

 内河航行权与轮船公司

从前香港怡和洋行在迎接公司船只回港时按例都要施放礼炮，霸气十足。这个充满海洋文化传统与殖民帝国遗风的规矩一直延续到今天，只是改为每到中午 12 时发射午炮(The Jardine Noonday Gun)，成为观光客聚集拍照的景点。

这个转变背后是有故事的。某次怡和洋行的老板搭乘自家的船只进港，洋行职员施放 21 响礼炮迎接，引起驻港海军的抗议，认为商船老板没有资格接受只有国王才能享有的 21 响礼炮。怡和洋行为息事宁人，改为每天中午替香港居民放午炮对时而流传至今。

香港作为中国近代史的第一个殖民地，西方式的海洋文化氛围在此地特别明显，包括海军、商船与海港，这完全是受英国人的影响。

怡和洋行

1894年中日甲午战争时，清军向怡和洋行租用"高升"轮运兵朝鲜，于7月25日上午8时在丰岛附近海面被由东乡平八郎率领的"浪速"号巡洋舰拦截，中方声称出港时战争尚未爆发要求原船驶回，日军坚持要扣押船只，清军不从，并向日舰开枪，于是东乡平八郎下令击沉"高升"轮。"高升"轮沉没后，日舰还对漂浮在海中呼救的清兵开枪，清军总共死亡871人。

图为怡和洋行的"嘉和"轮（SS Kia Wo）。本轮曾在1926年为英国皇家海军征用，改为军舰"嘉和"号（HMS Kia Wo），参加了"万县事件"。

怡和洋行

排水量 4633 吨的怡和洋行"公和"号轮船，使用于上海—汉口线。

内河航行权与轮船公司

怡和洋行上海—汉口线的"联和"号江轮（排水量 2868 吨）在停靠南京后继续往汉口前进。

怡和洋行

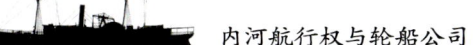内河航行权与轮船公司

"利和"轮（SS Liwo）于1938年在香港黄埔船坞兴建，排水量约700吨。其作为怡和洋行的小型商船，本可度过平凡的一生，但第二次世界大战的爆发让它成为世界海军史上的传奇。1940年"利和"轮与其他怡和洋行的商船被英国海军征用，在船艏加装一门102毫米炮，两舷各装机枪一挺，以军舰"利和"号（HMS Liwo）之名担任辅助巡逻舰。1941年底香港失陷后本舰转往新加坡，1942年初日军进攻新加坡，2月13日随其他船只撤往巴达维亚，沿途遭遇四次空袭，许多同行的船只被日机击沉，"利和"号也多处中弹，遍体鳞伤。当要到达目的地时发现前方有大群军舰，原来那是日军进攻苏门答腊的主力舰队。

由于"利和"号船体短小又漆上迷彩，日军开始并没有发现，本来有机会逃离，但舰长托马斯·威尔金森（Wilkinson）中尉（原"怡和"号商船船长）秉持纳尔逊"逢敌必战"的精神，竟然主动迎上前去对整个日军舰队发动攻击。最近的一艘日军运输船被"利和"号仅有的102毫米炮连连命中，船上日军也在"利和"号的机枪扫射下死伤惨重纷纷跳水逃命，又有许多被螺旋桨绞死。最后"利和"号以12节的速度撞击运输船的左舷，造成该船进水后沉没，但"利和"号也被随后赶来的"由良"号、"吹雪"号、"朝雾"号三舰击沉，船上84人只有12人被日舰捞起俘虏。威尔金森舰长随舰而沉，战后被追赠英国最高荣誉维多利亚十字勋章。

英商铁行轮船公司

"铁行轮船公司"（Peninsular and Oriental Steam Navigation Co.）又名"半岛东方轮船公司"或"大英轮船公司"，简称"P&O"，总部位于英国伦敦，是世界上最古老的轮船公司之一。成立于 1837 年，1843 年来到香港，1845 年进入广州，1850 年进入上海。"铁行"之名来自香港办事处的铁骑楼。

2000 年，公司将邮轮业务分拆予"嘉年华公司"（Carnival Co.）、集装箱海运业务分拆为"铁行渣华"（Royal P&O Nedlloyd）后并入"马士基"（Maersk），两者都是各自行业中的巨擘。

 内河航行权与轮船公司

1849年,大英轮船公司P&O蒸汽明轮船"玛丽·沃德女士"号开辟香港—上海航线,图为"玛丽·沃德女士"号驶入黄浦江。

英商铁行轮船公司

英国 P&O 公司豪华客轮"布哈拉"号（SS Bokraha）搭载香港板球队员自香港出发赴上海比赛，1892 年 10 月 10 日驶经澎湖姑婆屿时突遇台风，船只触礁沉没，有 125 人罹难，包括 11 名顶尖的板球选手，仅 23 人获救（包括 2 名板球选手）。今日姑婆屿岛上还有"英轮沉船纪念碑"。"布哈拉"号已经被列入水下文化资产，但百年来已有许多遗物被当地渔民打捞。

英国P&O公司豪华客轮"苏布伦"号（SS Sobraon）自上海出发，原定经香港前往伦敦，船上载有280名旅客与船员，于1901年4月24日于东引岛附近因浓雾视线不良触礁，失去动力而逐渐沉没，船上所有人员均安全获救，5月8日宣布弃船。当时谣传1900年八国联军占领北京时劫掠的颐和园国宝在船上，但无确切证据证实。

英商铁行轮船公司

图为英国 P&O 公司客轮"中国"号（SS China）通过上海外滩的第一次世界大战胜利纪念碑。这座纪念碑于 1924 年落成，是上海公共租界著名的地标，铜像于太平洋战争期间被日军拆毁，遗迹现已不复存在。"中国"号建造于 1896 年，在第一次世界大战时曾被征用为医院船，于 1928 年在日本报废拆解。

德忌利士洋行

  德忌利士洋行（Douglas Steamship Co.）是以香港为基地经营华南航线的历史悠久的公司，也是早年开通台湾航线的最重要的外商公司之一。在日本占领中国台湾前德忌利士洋行有淡水—香港航线，并独占台湾到华南的海运市场，许多台湾历史与其有关。1895 年，日本占领台湾后逼迫德忌利士洋行撤离台湾，代之以日本的航运公司。德忌利士洋行在战后仍继续在香港经营航运事业直到 1980 年代。

德忌利士洋行

图为德忌利士洋行的轮船在台湾淡水税关码头前。淡水在 1930 年代以前可以容纳 3000 吨级的大型轮船进入。

德忌利士洋行的"海清"轮于1929年12月8日航行在汕头到香港之间时曾被海盗袭击,后英国军舰"悉尼"号(HMS Shirley)闻讯赶往救助,并护送到香港修理,但船的上层建筑已被烧毁。

德忌利士洋行

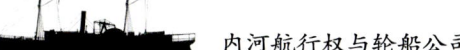 内河航行权与轮船公司

德忌利士洋行是以香港为基地经营华南航线历史悠久的公司，也是早年开通台湾航线的最重要的外国航运商。日本占领中国台湾后扶植自己的航运公司，让德忌利士洋行逐渐淡出台湾。今日在台湾淡水还有德忌利士洋行博物馆。

德忌利士洋行

1895年10月19日晚,德忌利士洋行的轮船"爹利士"轮(SS Thale)在台南安平港搭载抗日失败逃回大陆的黑旗军将领刘永福及家人,途中在海上遇上日舰"八重山"号临检,但未被日军发现。日舰在扣留本轮后因英法两国领事出面指责,日方才被迫放行。传说当时刘永福化装成妇女,所以未被日军查出。

日清汽船

　　日清汽船株式会社是日俄战后日本为了和西方竞争，由大阪商船会社与日本邮船会社协议，与湖南汽船会社及大东汽船会社等四家在1907年合并成立，专营中国内陆航线。初期总资本额810万日元，拥有25艘船，总排水量2.7万吨，是日本排名第四大的航运商。由于是四家公司合并而成，所以日清汽船烟囱上的标志是四道环圈。

　　日清汽船的船只在抗战爆发后多半被日军征用，并于1939年改组为东亚海运会社。战后剩余船只被招商局接收，日清汽船公司也就因此不复存在了。

日清汽船

一艘日清汽船株式会社的轮船通过武汉的长江江面。

日清汽船株式会社航行上海—汉口线的"襄阳丸"客轮系泊在汉口江边码头。

日清汽船

 内河航行权与轮船公司

战前日清的航线有：上海到汉口、汉口到宜昌、宜昌到重庆、汉口到长沙，以及天津、上海、广州的沿海线，船队实力还超过招商局，足与太古、怡和等老牌航运公司匹敌。日清的轮船命名有两种系统，一是中国地名，譬如"岳阳丸""沅陵丸""湘江丸"等；一是以"大"字号命名，譬如"大吉丸""大利丸""大贞丸"等。

日清汽船在上海苏州河口的码头，位置在日本领事馆旁，这儿也是日军第三舰队旗舰"出云"号固定的泊位。

日清汽船株式会社航线与轮船

* 上海—汉口线

配备:"洛阳丸"(4378吨)、"凤阳丸"(3977吨)、"南阳丸"(3310吨)、"襄阳丸"(3302吨)、"瑞阳丸"(3078吨)、"岳阳丸"(3298吨)、"大贞丸"(1369吨),航线经南京、芜湖、九江。

* 汉口—宜昌线

配备:"信阳丸"(1674吨)、"当阳丸"(1573吨),航线经岳州、沙市。

* 宜昌—重庆线

配备:"云阳丸"(1037吨)、"长阳丸"(568吨)、"宜阳丸"(943吨)、"涪陵丸"(621吨)、"嘉陵丸"等。

* 汉口—长沙线

配备:"武陵丸"(1298吨)、"湘江丸"(883吨)、"沅江丸"(857吨)及"松丸""梅丸""樱丸"等拖轮拖带多艘驳船。

* 上海—天津—广州线

配备:"嵩山丸"(2530吨)、"唐山丸"(2089吨)、"华山丸"(2989吨)、"庐山丸"(2531吨)等,航经青岛、大连、九龙、香港。

1937年抗战全面爆发,当时各日商轮船公司在长江航行的江轮计有:"襄阳丸""大福丸""瑞阳丸""大利丸""凤阳丸""吉和丸""大贞丸""南阳丸""宜阳丸""大昌丸""岳阳丸""信阳丸""大亨丸""当阳丸""湘江丸""沅江丸""武陵丸""大吉丸""长阳丸""嘉陵丸""涪陵丸""云阳丸"等多艘。其中"岳阳丸"(3298吨)与"大贞丸"(1369吨)两艘在中国封锁长江时被接收,分别改名为"江汉"与"江襄"号,交予招商局营运。其中"江襄"号武汉会战时在黄岗被日机炸沉,"江汉"轮一直使用到战后。

日商江轮中还有一艘"德阳丸",它的前身是江南造船厂自建自用的"江南"号,船长46.9米,宽8.1米,深1.2米,排水量372.6吨,由著名设计师叶在馥设计,是专门为枯水季节上驶川江而建造,当时算是创举。该船后由日清汽船株式会社购去改名"德阳丸",但不久后就触礁沉没。

内河航行权与轮船公司

1937年8月，"八一三"抗战爆发前夕，一艘满载日本侨民的日清汽船株式会社客轮从长江上游疾驶而下，通过沉船密布的江阴阻塞线。由于未奉命令，负责防守的海军官兵只能眼睁睁地看着它通过。这条花了巨大代价构成的阻塞线因为行政院秘书黄浚的泄密而功亏一篑。

日清汽船

日清汽船株式会社的"岳阳丸"在事故中撞坏船舷进入上海江南船坞整修。

其他日本航运商

　　日本邮船株式会社原为日本国营的邮便蒸汽船会社，船只为1875年台湾牡丹社事件结束后运兵船转为商用而成立。1885年被三菱集团购并，改名日本邮船株式会社，船旗为两条红带。大阪商船会社则是三井物产为开展海外运输煤炭的海运业务，于1884年成立，船旗是红色的"大"字。

　　这两家会社战前是日本的主要海运企业，同时也是日清汽船株式会社的大股东。

其他日本航运商

"高砂丸"原来是一艘 1859 年英国制造的铁壳轮船"三角洲"号(SS Delta),享有"第一艘通过苏伊士运河的英国船"的美誉。1874 年因牡丹社事件被日本政府购入,用作运输舰。1875 年隶属于日本国营的邮便蒸汽船会社,后整个会社被三菱购并成立日本邮船株式会社,本轮改名为"高砂丸",成为航行于横滨、长崎与上海之间的豪华客轮,是 NYK 起家的第一批船之一。

内河航行权与轮船公司

图为日本邮船株式会社的豪华邮轮"浅间丸"1930年代在上海外滩前的黄浦江掉头。1941年1月21日，在日本近岸的公海，"浅间丸"遭英国巡洋舰"利物浦"号（HMS Liverpool）强行登船检查，并带走21名有服兵役嫌疑的德籍水手（当时太平洋战争尚未爆发）。日本向英国抗议，但英国置之不理，这让日本右翼得到机会炒作仇英情绪，将英日推向战争边缘。

其他日本航运商

 内河航行权与轮船公司

内台航线是指台湾在日本统治时期专门航行于日本本土与台湾之间的航线，由于台湾是日本重要的殖民地，所以日本非常重视，航行船只的数量与质量都非常高。

其中最豪华的是大阪商船株式会社专门来往于日本门司与台湾基隆的"高千穗丸"。图为日本门司港大阪商船会社前欢送"高千穗丸"的场面。

其他日本航运商

 内河航行权与轮船公司

"高千穗丸"1943年3月19日早晨被美国海军潜艇"国王鱼"号（USS Kingfish）在彭佳屿附近击沉。当它发现鱼雷来袭时，曾紧急左满舵规避，但已经来不及了，被鱼雷击中船尾，紧接着又被另两枚鱼雷击中，"高千穗丸"向右侧翻覆后沉没，船客和船员罹难者共844名，其中包括许多台湾名流，成为战时的重大船难之一。

"高千穗丸"击沉事件对日本内台航运是个重要分水岭，之前仍是依照和平时代的方式单船航行，之后都规定要组成船队由军舰护航。

其他日本航运商

  内河航行权与轮船公司

台湾岛内高山林立，平地狭窄，并且被许多湍急的溪流分割，铁路、公路建设工程困难，而且成本高昂，尤其东部地区在早年几乎难以到达，所以海路是唯一的选择。然而在清代没有轮船固定航线，以传统的戎克船绕行到东岸安全性差、速度太慢而且载运量低，尤其没有企业化经营的固定航班，让被称为"后山"的台湾东部始终是化外之地。日本占领中国台湾后为有效控制后山，着手建立岛内航线，在台湾拓殖会社下成立台湾海运（高雄）、南日本汽船（台北）、开南航运（台北）等航运商，拥有轮船多艘，当时每一县都有以该县命名的轮船，譬如"台南丸""台东丸""嘉义丸""台北丸""宜兰丸"等。在东部港口尚未建设的时代就在外海用舢舨接驳，借由这种方式日本在花莲、台东地区建立了许多移民村，自九州岛一带输入了大量的移民。

大来洋行

  大来洋行（Dollar Co.）由美国人罗伯特·大来（Robert Dollar）于1895年创立，总部设在旧金山，在上海、天津、北京、青岛、汉口、南京、香港、广州、济南、海州、宜昌、重庆及烟台都有分支机构。开业之初有三艘七千吨级轮船往来于旧金山与上海及香港，以木材贸易为主，间做铁路设备、杂货，同时经营长江内河航运，可以说是完全在中国起家。

  罗伯特·大来在1923年向美国政府购买七艘以总统名字命名的轮船而成为环球豪华邮轮的创始者，不料1937年因"胡佛总统"号在台湾火烧岛触礁沉没，导致公司偿还不了贷款而破产，由美国政府接管。

图为美商大来洋行行驶川江的轮船"大来"号。该公司船涂装的特点是在烟囱上都有"$"的标志。此外当时航行内河的西方轮船都喜欢在船身标示"美国轮船"或"大英轮船"的字样与国旗,以免被沿途的军阀骚扰劫掠。

大来洋行

 内河航行权与轮船公司

1937年12月，美国大来轮船公司的"胡佛总统"号豪华邮轮（SS President Hoover）搭载503位旅客、330名船员在由神户开往马尼拉的途中，因在雾中误判灯塔而于11日凌晨在台湾东岸的火烧岛（今绿岛）搁浅，并被东北季风推往离岸100米处。日本海军重巡洋舰"足柄"号率领两艘驱逐舰前来救助，船上的旅客与船员被暂时安顿在当地民宅。不久两艘美国驱逐舰自菲律宾赶来，然后大来公司派出另一艘轮船将旅客接走。"胡佛总统"号则因无法拖救出险而以50万美元售给一家日本公司就地拆解。大来轮船公司因为这桩海难破产，被美国政府接管，成为今天的"总统轮船公司"。

为感谢绿岛居民帮助遇难旅客，美国国内发起募款在当地建造灯塔，这就是今天绿岛灯塔的由来。

大来洋行

美商大来公司行驶川江的轮船"大来裕"号1925年在三峡搁浅沉没。由美国商人罗伯特·大来所创办大来公司就是美国总统轮船公司的前身，却是经营中国业务起家的。

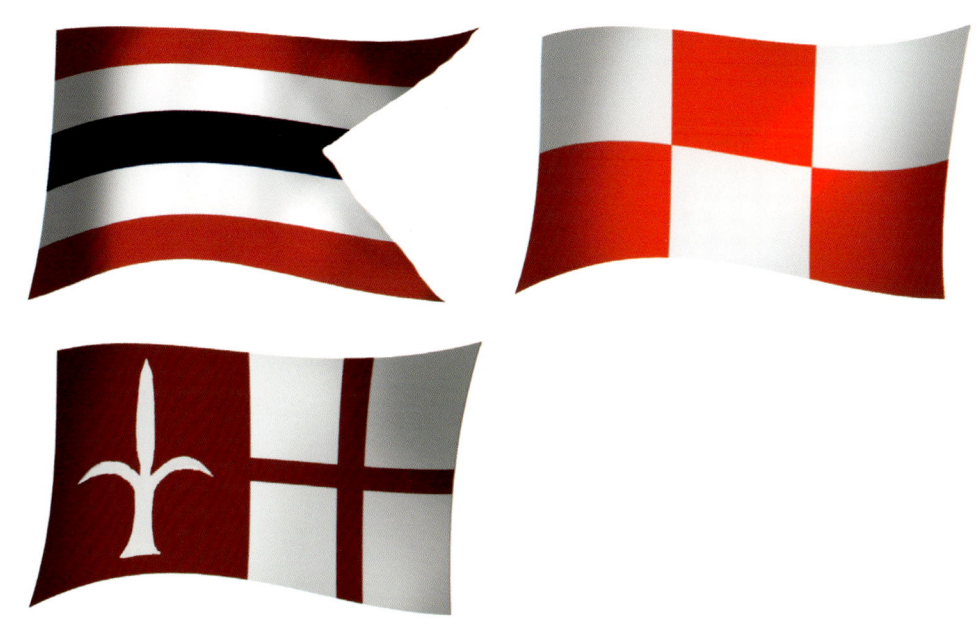

其他西方轮船公司

早年,英国航运商的船(包括澳大利亚与新西兰)大多都归由太古或怡和洋行代理,美国航运商以旗昌洋行为先发,后来也有不少大型航运商加入中国市场。加拿大以太平洋铁路公司系统的轮船公司为主,法国与意大利则对川江航运有高度兴趣。值得注意的是许多后来的世界级大航运商当初都是在中国市场发迹的。

由于有许多西方游客到中国旅游,因此豪华邮轮也是当年各航运商的重要产品,有些还与犹太难民避难上海有关。

其他西方轮船公司

 内河航行权与轮船公司

图为美国"蒙古利亚"号邮轮（SS Mongolia）正通过上海外滩前。"蒙古利亚"号1904年在纽约建造，属于美国太平洋邮船公司（Pacific Mail Steamship Company），排水量13369吨，与它的姊妹船"满州利亚"号（SS Manchuria）都是为横渡太平洋的航线（上海—长崎—檀香山—旧金山）。此航线是为搭载中国劳工赴美而设计的。以"飞出青岛"而闻名的德国海军飞行员冈瑟丕律绍（Gunther Plüschow），就是在1914年底搭乘该轮由上海逃往旧金山的。

该轮在第一次世界大战时曾被征用为军舰，战后转售给大来洋行，改名"费尔摩总统"号（SS President Fillmore），于1946年在上海拆解。

我们由外滩建筑可以判断出这幅图的年代。图中央靠左那幢尖屋顶像城堡一样的建筑是1904年落成的上海德国总会，旁边的沙逊大厦（今和平饭店）尚未兴建。由沙逊大厦建于1929年，可知这是1920年代的上海外滩。德国总会在1934年被拆除改建成为中国银行大楼。

其他西方轮船公司

加拿大太平洋轮船公司属于太平洋铁路公司,旗下有三艘船,分别是"印度皇后"号(Empress of India)、"中国皇后"号(Empress of China)和"日本皇后"号(Empress of Japan),主要用于在远东营运,航行于香港等地。该级船为1891年建造,特色是有漂亮的飞剪式船艏,标准排水量3046吨,满载排水量5947吨,船长147.8米、宽15.6米、吃水10米,输出功率10000马力,最大航速16.5节。

内河航行权与轮船公司

赛赐洋行不但经营海轮，同时在上海经营拖船业务，这是"玛格丽特·马勒"（Margaret Moller）驶过英国巡洋舰"萨福克"号（HMS Suffolk）前。当年上海的拖船不仅拖带大船，还要担任接驳旅客到黄浦江心登上大轮船。

其他西方轮船公司

赛赐洋行（Moller & Co.）是 1859 年一位叫赛赐·马勒（Nils Moller）的英籍犹太人在上海创办。他的第二代在 1907 年继承时原来是兄弟公司，其中一人伊利克·马勒（Eric Moller）在 1910 年成为唯一股东。1920 年该公司已拥有海船 17 艘，并且建立了修船厂（今日沪东造船厂的前身）。伊利克·马勒同时以在上海建造了如童话般的"马勒别墅"而闻名。

图为满载奥地利犹太难民的意大利邮轮"康梯浮第亚"号（Conte Verde）抵达上海。"康梯浮第亚"号隶属于意大利邮船公司（Lloyd Triestino），这家公司的船总共搭载了多达 1.7 万名犹太难民来到上海，直到 1940 年 6 月 10 日意大利加入战争为止。

其他西方轮船公司

 内河航行权与轮船公司

意大利邮船公司的豪华邮轮"康梯浮第亚"号（Conte Verde）战前经常来中国，并且曾多次载运欧洲犹太难民来上海。

1943年9月9日，意大利向盟军投降退出轴心国阵营，"康梯浮第亚"号刚巧来到上海，为防止被日本接收，意大利水手开海底门将船自沉于黄浦江。日本人大怒，将缆绳与绞车固定在外滩汇丰银行的立柱上，集合所有上海意大利侨民来拉索，硬是将"康梯浮第亚"号扶正。

"康梯浮第亚"号上的厨师战后留在上海，与华人合伙在前法租界开了间名为"飞亚客"的意大利餐厅，当年被老饕认为上海最地道的意大利餐厅。

图最前方是上海公共租界第一次世界大战纪念碑的基座，原来上面有一座胜利女神铜像，1941年底太平洋战争爆发，日军进占公共租界后将铜像拆除熔解。

德奥战利船

中国于1917年8月14日参加第一次世界大战,对德国与奥匈帝国宣战,依国际法有权没收在华的德奥产业,这在中国近代史上还是首次。包括多艘德奥航运商在华营运的商船被没收,成为战利品(名单见后页)。这些商船接收后交由海军部成立租船处,对外出租盈利,作为补贴海军军费,部分船只后来改为海军运输舰,并在中国近代史上扮演过重要角色。

内河航行权与轮船公司

奥匈帝国 Austrian Lloyd 公司商船"波西米亚"号（SS Bohemia）在欧战爆发之前进入德国殖民地胶州湾。战争爆发后此船被中国扣留，交由海军租船处，改名"华丙"号。后移交海军成为运输舰，再改名"普安"号。

德奥战利船

奥匈帝国的"中国"号（SS China）接收后改名"华甲"号，满载排水量 8160 吨，后来随渤海舰队并入东北海军，被改造成能搭载水上飞机与登陆艇的"两栖攻击舰"。但因磨损过度而且保养不良，1929 年转售给政记轮船公司，改名"大中华"号，之后被日本海军征用为"榆林丸"。

"西里西亚"号（SS Silesia）接收后先改名"华乙"号，后被海军征用为运输舰，再改名"华安"号。1919 年底，此轮运送干涉苏联内战的捷克兵团返回欧洲，却在意大利港口被原来的奥地利航运商以非法接收名义诉诸法院予以扣留。后经外交折冲终于返还，但从此这批德奥战利舰不敢再航行欧洲航线了。

奥匈帝国奥地利劳埃德公司的商船"波西米亚"号（SS Bohemia）接收后先改名"华丙"号，后被海军征用为运输舰，再改名"普安"号。1932 年停用，并于 1937 年 8 月 14 日自沉于上海黄浦江董家渡航道阻塞航线。后来可能被日本人捞起修复使用，于 1941 年左右报废。

"德·克雷克默"号（SS Deike Rickmers）接收后改名"华丁"号。后来成为日本山下汽船的"东光丸"，之后出售给大连汽船公司，改名"东岗丸"，1944 年在菲律宾被美军击沉。

"阿尔班加"号（SS Albenga）原名"五月花"号（Mayflower），中国接收后改名"华戊"号。此轮于 1923 年以后出售给南华轮船公司，改名"华成"号。

德国捷成洋行（Jabsen & Co.）的商船"凯茜"号（SS Kathe）接收后改名"华己"号。此轮后出售给大连政记轮船公司，改名"茂利"号。1942 年 1 月 6 日在香港被日军俘虏征用，1945 年被盟军飞机炸沉。

"科伟"号（SS Keong wai，中国官方档案的中文译名为"姜维"号）接收后改名"华庚"号。后来出售给常安轮船公司，改名"常安"轮。抗战爆发被征用，自沉于上海十六铺码头前。

弗伦斯"塞克斯塔"号（SS Sexta）接收后改名"华辛"号。此轮后出售给大连政记轮船公司改名"安利"号。

"商黛安芬"号（SS Triumpf）接收后改名"华壬"号，后被海军征用为运输舰，改名"定安"号。此舰曾被用来搭载水上飞机，1942 年底被日军飞机击沉于川江下游。

"海琳"号（SS Helene）接收后改名"华癸"号，后被海军征用为运输舰，改名"克安"号。抗战前隶属第一舰队，抗战时于四川曾多次遭日机空袭而受损，1948年6月改名为"九华"号，隶属江防舰队。1950年11月此舰在由左营开往基隆途中遇台风搁浅，拖到马公后因损伤过大而除役。

"西江"号（SS Si Kiang）接收后被海军征用为运输舰，改名"靖安"号。曾奉派为吉黑江防筹备处的旗舰，率"江亨"号、"利捷"号、"利绥"号等舰赴哈尔滨驻防，是为东北第三舰队的起源。1938年出售给意大利改名"雷诺"号（Reno），同年在宁波附近海域凿沉。

"美大"号（SS Mei Dah）接收后改名"华大"号，之后成为招商局的"江大"轮。"美利"号（SS Mei Lee）接收后改名"华利"号，之后成为招商局的"江靖"轮。1940年被日本飞机一起炸沉在秭归。

德奥战利船

 内河航行权与轮船公司

图为德国北德意志—劳埃德海运公司（Norddeutscher Lloyd）的轮船"美大"号（SS Mei Dah）在上海黄浦江上。它是在上海英商耶松船厂建造的专门用于长江航运的浅水客轮。

1917年中国加入第一次世界大战对德国宣战后，"美大"轮被当成战利品接收，改名"华大"号，后来又拨给招商局使用，改名"江大"轮。她有另一艘姊妹船"美利"号（SS Mei Lee）同样作为战利品接收后改名"华利"号，之后成为招商局的"江靖"轮。

这两艘北德意志—劳埃德的轮船之所以用"美"字号来命名，是因为代理商为"美最时洋行"（C. Melchers GmbH & Co.）。这家老字号的德国公司在19世纪中叶就进入中国，至今仍在中国有业务。"美最时"之名在从前的中国知名度相当高，老一辈人多有印象。

德奥战利船

奥匈帝国奥地利—劳埃德公司的商船"西里西亚"号（SS Silesia）因中国参战而被当敌产接收，改名为"华乙"号。图中显示造船厂工人正在船艏漆上"HWAH-YIH"（华乙）的新船名。此船后被海军征用为运输舰，再改名为"华安"号。

美孚与蚬壳火油轮船

"美孚火油"(Mobil Oil)是美商标准石油公司(Standard Oil Co.)在中国推出的品牌,美商标准石油公司是由洛克菲勒家族创立,曾经是世界上最大的石油垄断性企业。

"蚬壳火油"(Shell Oil)则是亚细亚火油公司(Asiatic Petroleum Co. 英商壳牌石油公司与荷兰皇家石油公司共组的子公司)的品牌。亚细亚火油公司首先于1912年在宜昌设立支店,于1915年间以"安澜"轮运油到重庆,返航时再运回桐油。美孚、亚细亚两家火油公司为运油到中国内地销售,拥有多艘小型油轮,还开设定期航线,在运油之余也承运一般货物,所以也可以算是重要的外商航运企业。

美孚与蚬壳火油轮船

美孚火油公司的"美泸"号轮船。

图为美孚火油公司的轮船"美峡"号驶离南京下关码头。1937年12月12日,美国海军"帕奈"号(USS Panay)浅水炮舰被日本飞机击沉的事件中,三艘本级轮船"美平"号、"美夏"号、"美安"号也都遭到日机攻击而烧毁。

美孚与蚬壳火油轮船

美孚火油公司的内河用油驳船"美虹"号与美国海军"帕奈"号浅水炮舰靠舷并泊补充油料。当时中国境内最大的两家石油公司分别为美商的美孚火油公司与英商的亚细亚火油公司,两家旗下都有大批的轮船、油船与拖船,实力不亚于大型航运商。

内河航行权与轮船公司

中国台湾淡水河口原可通海轮,但由于河港渐渐淤积,所以水深愈来愈浅,1941年最后一艘载重3000吨的英荷商亚细亚火油公司的油轮进入卸油后,淡水港就停止了大型海轮的进出。

台湾商务局航运

　　台湾商务局是刘铭传在台湾搞新政时成立的机构，业务包括铁路、电力、电报等，航运是其中的一环。当时刘铭传向外采购轮船，并开辟到大陆与周遭国家的航线，观念可谓相当先进。但刘铭传新政完全只是硬件思维、政策导向，没有系统化观念，更不懂企业化经营，只是花钱买设备而无法长期维持营运。由于花钱太多，只好决定重新丈量土地征税筹措资金，导致民怨四起，到处发生动乱，给了政敌参劾他的口实，最后任期未满就离职，人去政息。

台湾商务局轮船

台湾巡抚刘铭传于1886年6月设商务局，向华商募款订购了"斯美"号、"驾时"号、"万年青"号、"威利"号、"威定"号、"飞捷"号、"成利"号、"海镜"号等八艘轮船，航行于台湾、澎湖、上海、香港、新加坡、西贡、吕宋等地，最初的航运业务由上海招商局代理，第二年就开始由台湾商务局自理。

"斯美"号（smith）与"驾时"号（Cass）两艘船在英国订造，钢质船壳，各长76.2米、深5.79米，吃水3米，最大航速15.5节，可装轻货1000吨，重货500吨，载客600人，分为上、中、下三等客舱，全船都装有电灯，在当时颇为先进。这两艘船每艘造价白银18万两，主要航行于台湾与澎湖、上海、香港之间，有时航行于吕宋、西贡、新加坡等地。"万年青"号与"海镜"号为福州马尾所造的兵船，供台湾使用。"威定"号则是在香港以2.6万两白银的价格购买原德国的"会刺"轮。其余各艘则是在香港订造，用于往来沿海各地。

刘铭传另在1886年向英国威廉多克斯福德公司（William Doxford）以9万两白银购进"飞捷"号用于铺设海底电缆。"飞捷"号排水量1034吨，长67米，宽9.75米，吃水4米，蒸汽主机，双轴推进，最大航速13节。该船还在左右两个耳台上各装备一门152毫米主炮，因此也被称作"巡洋舰"。1887年10月，"飞捷"号在丹麦工程师协助下完成了台湾淡水到福建厦门119海里的海底电缆铺设，之后铺设台湾到澎湖的电缆也顺利完成。"飞捷"号除了铺设海底电缆，还要担任定期巡查保修电缆以及与"南通"号轮担任与内地之间邮件的传递。1888年，"飞捷"号的舰炮终于有机会发挥作用，由于卑南（今台东）发生暴乱，袭击官员和兵勇，7月14日刘铭传派"威定"号、"伏波"号、"飞捷"号三艘军舰前往镇压。7月14日清廷也派北洋舰队丁汝昌率"致远"号、"靖远"号两艘巡洋舰前来助攻，终于平定暴乱。

根据资料，当时刘铭传还拥有"南通"号、"北达"号、"前美"号、"如川"号等四艘小轮以及自造一艘驳船用于驳运炮械、安置水雷等勤务。

"万年青"号于1887年被英国京申公司的商船碰撞沉没。1889年，"威利"轮在台湾遇风沉没，死亡400余人。不久"威定"轮也因事故沉没。台湾商务局其余各轮船于台湾1895年被日本接收时驶返厦门解散。

台湾商务局航运

 内河航行权与轮船公司

清法战争结束后,刘铭传在台湾大举进行现代化建设,包括基隆到新竹的铁路、通往大陆的海底电缆,并购买轮船成立台湾商务局与南洋通航。

本图显示刘铭传时代的基隆港,港中有台湾商务局的轮船碇泊。当时铁路通到港边,并有一段铁栈桥伸入牛稠港,可见到"腾云"号火车头在栈桥上待命。当时基隆港中有两个礁岩小岛,分别叫鲎公岛与鲎母岛,日本占台后在整治基隆港时炸掉,现在已经不复存在。

基隆雨量丰沛而有"雨港"之称。原来台湾主要的港口北为淡水,中为鹿港,南为安平,都是因为面向西方与福建距离较近而较早发展。日本据台后由于基隆离日本最近而刻意开发,造成原来三大港的没落。

台湾商务局航运

1888年，由于卑南（今台东）垦民暴乱，袭击官员和兵勇（即吕家望社事件），刘铭传派台湾商务局的"威定"号、"伏波"号与"飞捷"号三艘船前往镇压。图为英国制造的"飞捷"号，它身兼布缆船与巡洋舰双重角色。

内河航行权与轮船公司

1895年，刚刚就任"台湾民主国"大总统的唐景崧抛弃抗日联军，在淡水搭乘德商"鸭打"轮（SS Arthur）逃往内地。这艘所谓德商的"鸭打"轮实际上就是刘铭传台湾商务局的"驾时"轮（SS Cass），因为战争爆发，为避免被日军扣押而暂时更改船籍。

二战前的招商局

"招商局"成立的初衷其实与发展海运没有什么关系,完全是因为大运河漕运运量有限,又经常因为兵灾、天灾或淤浅而中断,影响京师粮食供应,若全面疏浚整修又所费不赀,所以想利用西方的轮船直接采用海运方式,因为海运运量大成本低。所谓"招商局"就是设局募股招商之意,在当时的中国还是很新的观念,成为中国第一家股份制公司。

由于带有鲜明的政府色彩,招商局难免受政争影响,而且经营效率始终不高,在战争时期还可能面临被敌国扣押的风险,在中法甲申战争与中日甲午战争时招商局都曾暂时将资产转移到洋行名下以寻求保护。1937年抗战全面爆发,上海的招商局迁往香港。1941年底日军进攻香港,招商局的账册与资产都毁于战火之中。战后的招商局是以交通部长江水运管理局为基础重新成立的,与战前的招商局并无继承关系。

内河航行权与轮船公司

位于外滩 9 号一幢精致红砖建筑,当年是轮船招商总局的办公楼。这幢楼房最初是由在中国经营航运业务著名的美商旗昌洋行(Samul Russell)在 1846 年所建。成立于 1877 年的招商局以 220 万两白银的价格收购旗昌洋行的轮船、码头、仓栈与地产,同时获得了这幢楼。1901 年原楼房重建,被保留至今。

二战前的招商局

 内河航行权与轮船公司

招商局从成立初始官方背景就十分浓厚,所以船只经常被政府征用。图为1886年(光绪十二年)醇亲王奕環奉旨巡视海军,奕環的座舰就是招商局的"海晏"轮。

"海晏"轮原名"盛京"号,是美商旗昌公司的轮船,1877年招商局成立购并旗昌船队时一并购入。"海晏"轮在中国近代历史上曾多次扮演重要角色。

二战前的招商局

1884年7月14日，刘铭传在中法战争期间，秘密从上海搭乘"海晏"号轮船突破法军舰队封锁，在基隆上岸就任台湾巡抚。法国军舰在后面追杀，幸亏受到当时海上大风雨的影响才未能追上。

内河航行权与轮船公司

根据史料记载，1895年李鸿章搭乘德国商船"公义号"赴日本下关与日方议和，马关条约即在此地签订。所谓德国商船"公义号"实际上就是招商局的"海晏"轮，因甲午战争爆发怕在海上被日军扣留，因此名义上转卖给西方航运商。

二战前的招商局

1895年马关条约签订,李经方奉父亲李鸿章之命搭乘招商局的"海晏"轮来台交割。李经方畏惧台湾士绅唾骂不敢下船,在基隆外海搭乘接驳的小火轮到日本轮船"横滨丸"上,与日本代表签字后就匆匆逃回大陆。

内河航行权与轮船公司

"江孚"轮原来是美商旗昌公司的长江客轮，1877年招商局购并旗昌洋行时一起购入，纳入了招商局船队，同级的还有"江长"轮。"江孚"轮为1873年江南制造局建造，属明轮结构，有特殊的并排双烟囱外型，用于行驶上海武汉航线。1937年战争爆发时该轮已无记录，可能已经报废。

二战前的招商局

图为清代的上海十六铺码头前方的一艘内河明轮汽船,由它烟囱上的黄色环带可以知道是招商局的船。招商局江轮上的房间与膳食管理传统上是由茶房统包,他们自成地盘,连船长都管不着,故常有夹带超载或欺骗讹诈的事情发生,种种腐败让招商局的经营始终无法上轨道。

招商局历史

1872年（同治十一年），直隶总督李鸿章令朱其昂于上海设立"轮船招商公局"，1873年1月14日轮船招商局正式成立。同年轮船招商局的"伊敦"号自上海首航香港，这是中国第一条近海商业航线。同年还开辟了上海至日本航线，这是中国第一条远洋商业航线。

1877年1月2日，招商局签约收购了于1862年成立的美商旗昌轮船公司（Shanghai Steam Navigation Co.）的全部轮船、栈房与码头后才初具规模。后来中法战争、庚子事变时，招商局都曾把所属轮船假卖给旗昌公司，以避免被敌国扣押，事过后又再买回，所以旗昌公司等于成了招商局的护身符。

1909年招商局奉旨归邮传部管辖，1927年11月国民政府宣布将招商局直隶于交通部，1929年国民党中央党部决议将招商局脱离交通部管辖改隶国民政府，1933年国民党中央政治会议决议将商办招商局收归国营，改名为"国营招商局"，隶属交通部，1938年8月改组为"招商局轮船股份有限公司"（China Merchants Steam Navigation Co.）。

抗日战争爆发后，招商局总经理蔡增基将上海业务委托美商卫利韩洋行代理，并将新在英国建造的四大海轮"海元"号、"海亨"号、"海利"号、"海贞"号连同总公司的档案、账册等重要文件迁往香港。1938年12月，又将四大海轮连同"海云"轮共五艘船在香港出售。由于账目不清，让交通部正头疼于无法核对时，正好1941年底太平洋战争爆发，日军攻入香港，蔡增基逃往澳门，拍电报向重庆报告所有账册资料全部毁于日军战火，并拒绝回部述职，从此招商局关门大吉。这笔胡涂账后来也一直没有理清过。直到1943年4月废除了列强的内河航行权，政府才在重庆以交通部长江航运管理处为基础，成立"招商局总局"，但这个招商总局等于是新建，和原来清末李鸿章始建的招商局其实是没什么关系了。

二战前的招商局

图为招商局"江新"轮驶入上海十六铺码头。"江新"轮是专门用于长江航运的浅水客轮,建造于1905年,是抗战撤入四川的"六大江轮"之一。"江新"轮在1949年5月22日曾被汤恩伯派兵强行押往台湾,但在吴淞口遭到解放军炮击,押运军官搭小船逃命,该轮又开回上海。不久该轮在上海浦东洋港码头被国民党空军飞机炸沉。1952年11月16日打捞出水,修复后继续使用,服役时间超长。

内河航行权与轮船公司

图为招商局的"江陵"号客轮。此轮在1949年后改名"江陵解放"号,1949年7月底在英国军舰"紫石英"号脱逃时被意外击沉。招商局为海轮取的船名为"海"字号系列,为江轮取的船名则是"江"字号系列。招商局的海轮并不多,而且大多为前清留下来的古董船,和国外的航运公司相比,完全没有竞争力,反倒是招商局的江运业务一枝独秀,因为长江是世界内河航运最发达的地方。

二战前的招商局

图为招商局"江永"轮在长江驶过一群木造驳船。1926年10月16日,此轮被孙传芳军队征用运兵,抵达九江时被北伐军便衣渗透,纵火爆炸沉没,包括船长与所有高级船员在内约1000多人罹难,只有300人获救。孙传方因此实力大损,只得投奔张作霖。北伐军顺利占领九江。

内河航行权与轮船公司

1918年4月25日夜,段祺瑞由汉口乘"楚泰"号舰赴九江,由"楚材"军舰护航。在武汉长江丹水池附近撞沉招商局大型江轮"江宽"号,船上乘客船员共1200人,有约900人遇难。"楚材"舰不但不停下救援,舰上士兵反以刺刀将攀附军舰求救的落水者一一驱离。事后罹难家属上告法院,法院屡传"楚材"舰长赵进锐,但其拒绝到庭。北京政府官官相护,最后官司不了了之。

二战前的招商局

图为厦门的招商局码头,行驶于上海厦门之间航线的招商局海轮"爱仁"号准备靠岸。"爱仁"轮在 1894 年曾经是丰岛海战的运兵船之一,当时另一艘怡和洋行的"高升"轮被日舰击沉。

1927年10月，招商局"爱仁"轮在香港大亚湾海域遭遇海盗抢劫事件，英国潜艇"L4"号赶来拦截，竟然用102毫米甲板炮直接击沉了"爱仁"号，造成24人死亡，另外逮捕了17名海盗。后来招商局向英国海军提出索赔，但没有结果。

二战前的招商局

1928年4月12日,招商局轮船"新华"号由上海开往香港,在福建海域遭海盗劫持,被路过的"中山"舰发现而被救,虽然财物损失重大但无人伤亡。

1929年11月15日,"新华"轮自汕头开往香港在横栏灯塔触礁,由于船上没有无线电设备,路过的船只都不知道发生海难,最后造成400多人溺毙,仅26人获救。

内河航行权与轮船公司

抗战爆发后，招商局所有江轮纷纷上驶重庆，包括当年最大最豪华的"江安"号、"江顺"号、"江华"号、"江新"号、"江汉"号和"江建"号。由于长江上游水浅，大型江轮无用武之地，所以一直搁在唐家沱的滩岸，靠着发放看守船员口粮勉强维持。直到1944年才拨发经费修船，修复后正好赶上第二年抗战胜利的复员。

二战后的招商局

招商局在战后利用交通部的力量一方面自国外购入大批商船，一方面接收美军舰艇改装成商船，同时又接收日伪船舶，加上整修战时入川的旧船，一时之间规模大增，实力远远超过战前。但战后的招商局与战前相同，仍不脱官办企业的低效率与贪污舞弊，航运安全也很差，事故连连，加上国共内战大量船只被军队征用，损失又得不到赔偿，经营并不理想。

中华人民共和国成立后，上海招商局总公司改为中国人民轮船总公司，撤往台湾的国民党则将台湾的分公司改称总公司，但已经起义的香港分公司则持续对外以招商局名义运作，因而与台湾的招商局形成两家招商局并立的局面。1972年台湾成立阳明海运公司，将招商局的资产逐步转移，至1995年完全合并，台湾招商局至此消失。

 内河航行权与轮船公司

"自由轮"是美国在第二次世界大战时期为应付德国潜艇袭击导致运输船大量损耗，而紧急建造的 7000 吨级运输船。在整个战争期间共建造了 2751 艘。战后招商局自美国采购了 10 艘，分别命名为"海天"号、"海地"号、"海玄"号、"海黄"号、"海宇"号、"海宙"号、"海辰"号、"海宿"号、"海列"号、"海张"号。

二战后的招商局

招商局二战后自美国及加拿大购进多艘海轮重建船队,包括自由轮、大湖型、N3型、B型、A1型等船型。图中的"海穗"是B型轮,共有"海穗"号、"海甬"号、"海杭"号、"海汉"号、"海沪"号、"海津"号、"海平"号七艘。

招商局"海厦"轮为 1946 年购自怡和洋行的"源生"轮。此轮 1923 年在香港建造,排水量 3179.21 吨,载货 2609 吨,载客 454 人,长 97.8 米,宽 14 米,深 7.6 米,吃水 7.4 米,燃煤锅炉主机为三联式蒸汽机,输出功率 2000 马力,最大航速 11 节。"海厦"轮由船长王俊山率领,于 1950 年 2 月在香港与其他共 13 艘招商局的轮船一同起义。

二战后的招商局

抗战胜利，招商局除自接收日伪船只 314 艘，排水量合计 81297 吨外，国民政府在战时向美国及加拿大订造的大批轮船也多由招商局负责接收。这批船只共计 194 艘，排水量合计 363085 吨，其中招商局留用 143 艘，排水量 297532 吨，替新成立的中国油轮公司（后来也并入招商局）接收 22 艘及替其他单位接收 16 艘，排水量 64024 吨；暂时代管 13 艘，排水量 1529 吨。

截至 1948 年 8 月，招商局已有大小船舶 488 艘、排水量 404104.52 吨，详细数据如下：

海轮 81 艘，排水量 254124.72 吨；

江轮 28 艘，排水量 56015.17 吨；

油轮 1 艘，排水量 601.50 吨；

小拖轮 141 艘，排水量 17608.03 吨；

机帆船 1 艘，排水量 324 吨；

特种机船 17 艘，排水量 1837.38 吨；

铁驳 166 艘，排水量 70867.73 吨；

木驳 53 艘，排水量 2725.99 吨。

另外还有向美国订造的 CISAYI 型海轮 4 艘，排水量总计 28320 吨；向江南造船所订造的浅水客货轮 2 艘，排水量总计 5200 吨，都在陆续交船中，真可说盛况空前。

国共内战爆发，国民党军队征用的船只大部分都为招商局所有，部分毁于战火。国民党迁台前后，招商局还有多艘船只转为海军舰艇，旧船陆续汰除，所以在数年间招商局拥有的船只数量变动极大。截至 1949 年底，招商局仅剩大小船只 90 艘，排水量 240113 吨。

招商局在二战后购进美国海军辅助拖船（ATA）18艘，分为蒸汽机、柴油机与柴电主机三种型式，以"民—301"到"民—320"号命名。图中的"民—306"号是柴电机型，1949年后留置大陆。另有两艘在去台后于1952年成为国民党海军拖船"大庚"号与"大洪"号。

二战后的招商局

招商局在二战后曾经购入三艘原加拿大制造的城堡级（Castle class）巡逻舰，改装后作为快速客轮使用，分别命名为"秋瑾"号、"锡麟"号、"元培"号。由于本级轮船原来就是军舰，所以汤恩伯自上海撤出到厦门时就一直把司令部设在"锡麟"轮上。后来"秋瑾"号与"锡麟"号在台湾被恢复成军舰，改名为"德安"号与"高安"号，留在大陆的"元培"轮则成为人民海军的"广州"舰。

内河航行权与轮船公司

招商局在二战后以剩余物资名义大量购进美国除役的坦克登陆舰（LST）作为商船使用。这批船只售价极低，并且很适合在中国港口设施不完善的地区使用。但是这些船建造之初本就是作一次性使用的，质量不佳，而战后各国对航行安全法规愈来愈严，这种船许多港口不允许进入，因而拥有LST的航运商纷纷将之除役。

二战后的招商局

# 内河航行权与轮船公司

"江亚"轮原为日本东亚海运于1939年为长江航运建造的"兴亚丸",抗战胜利后为国营招商局轮船公司接收,改名"江亚"轮。

1948年12月3日,"江亚"轮在上海吴淞口白龙港水域爆炸沉没,仅剩烟囱与桅杆露出水面。事发当时船上超载严重,人数难以精确统计,罹难者有姓名可考的就高达2353人,更有许多搭霸王船不知姓名的散兵游勇。事发当时附近有许多船只来救援,许多人溺毙或冻死,仅900多人获救。这是中国史上最大的海难,死亡人数也是和平时期世界上最多的。"江亚"轮爆炸沉没的原因最初被认为是一架国民党空军的飞机误投炸弹造成,近年来的推论是"江亚"轮偏离安全航道,撞上了在战争期间投放的水雷,不过目前都没有确切的证据能够定论。

"江亚"轮于1956年10月29日被打捞出水,1959年2月4日修复出厂继续营运,1966年11月改名"东方红八号",1983年除役,2000年拆解。拆解时发生火灾被彻底焚毁,现"江亚"轮留存下来的文物只剩一具木质舵轮。

二战后的招商局

1948年11月1日，招商局"宣怀"轮（N3型）在营口港被国民党军强行征用，撤运自东北战场败退的国民党军。因官兵蜂拥登船严重超载造成倾斜，加上装载规定未能执行，造成货舱弹药爆炸，起火焚毁后沉于港内。船长率全体船员20余人弃船逃离登岸，被烧、炸、踏死及落水溺死的陆军官兵数以千计。

内河航行权与轮船公司

1949年5月6日，蒋介石携带家眷登上向招商局包租的"江静"轮离开已被解放军包围的上海，前往舟山群岛。蒋介石在浙江沿海岛屿巡视后在17日自定海飞澎湖马公。"江静"轮是战后接收日本东亚海运的长江客轮，到台湾后没有用武之地，最后在高雄解体。

二战后的招商局

1949年5月25日，招商局"汉民"轮载运第四批国民党中央银行黄金20多万两自上海悄悄抵达基隆港。"汉民"轮是招商局战后购自美国的N3型货轮。

内河航行权与轮船公司

1946年，招商局向美国购置了22艘油轮（6艘大型油轮，16艘小型油轮，都以"永"字号命名），并为此成立新公司——中国油轮公司，以承运中国石油公司高雄炼油厂的油品为主。但在内战中也不免被征用，用于撤运军队（如图之"永清"轮）。1951年2月1日，又并回招商局，归并时只剩3艘大型油轮和9艘小型油轮。

省港澳航运

　　经由珠江来往于香港与广州之间的客货轮船是最早开始、商业价值很高的一条航线，有许多家中外航运商在经营，俗称"省港航线"。"港"指的是香港、"省"则是指省城广州。"省港航线"最初由英商1849年在香港成立的"香港广州轮船公司"经营。1859年旗昌洋行等美国航运商加入竞争，英国航运商包括怡和洋行等遂于1865年联合组成"省港澳轮船公司"，收购美商及其他对手船只并扩及澳门，由此来垄断省港澳航线上的客货运业务。太平洋战争爆发，船只全部损失，公司只得结束业务，战后的省港澳航运则是另一番局面。

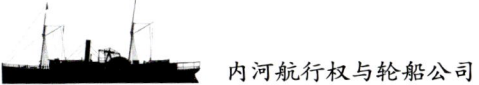 内河航行权与轮船公司

停泊在广州省港码头前,航行于广州与香港之间的"广东"轮。

省港澳航运

 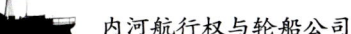

1849年，英商在香港成立"香港广州轮船公司"，以两艘小汽船行驶省港航线。1859年美国旗昌洋行与英商展开竞争，英国与葡萄牙航运商于1865年联合组成"省港澳轮船公司"，投资75万元资金收购了美商及其他对手的全部船只，并增加广州、香港和澳门之间的航运，形成后来垄断的局面，这当中包括以香港为基地太古与怡和洋行的船。

中国近代史经常出现省港航线的记录，它与西方海商势力进入中国、孙文的革命政治生涯等都有千丝万缕的关系。图为1930年代的广州西堤码头，这是往来香港的主要客运码头。

省港澳航运

图为太古洋行省港航线专用的"汉口"号明轮船在广州珠江。后方可见法国人兴建的"石室圣心大教堂"(Cathédrale du Sacré-cur de Jésus)。

内河航行权与轮船公司

除了珠江,水运发达的广东还有很多内河航线,譬如西江,小型轮船可以上溯到广西的梧州。

省港澳航运

1906年10月14日清晨,太古公司省港航线专用的"汉口"号蒸汽明轮客船在抵达码头时船尾着火,火势迅速蔓延,全船被焚毁。事后检查发现尸体130具,但实际死亡人数可能超过一倍以上。

内河航行权与轮船公司

图为属于"省港澳轮船公司"的航行于广州与香港之间的"佛山"轮停泊在广州大新公司前的码头。

川江航运与民生公司

　　四川物产丰富,有很多可以出口的商品;人口众多,又有很可观的市场。但四川位于长江上游,船只必须通过三峡天险,搁浅触礁沉没的风险很高。不过由于吸引力实在太大,激发了造船技术的突破,出现了专门用于川江的轮船,成为航运史上独特的篇章。

　　川江航运本来是中外航运商百家争鸣,但由于出了一位奇才卢作孚才改变局面。本来是航运门外汉的他创办了民生实业公司,借由竞争与收购,一统了川江航运,甚至利用抗战的机会大肆扩充,战后成为能与招商局匹敌的民营第一大航运商。

内河航行权与轮船公司

川江轮船航行最早始于1898年。当时在上海经营洋行的英国富商立德乐（Archibald Little）驾驶排水量7吨、长16.76米的木壳平底小火轮"利川"号（S.L. Leechuan），雇了数百名纤夫，花了21天从宜昌经三峡抵达重庆，顺水返航时则以32小时从重庆到宜昌。立德乐此行不仅是为了探险，更为了生意，后来他在重庆成立了当地第一家洋行。

川江航运与民生公司

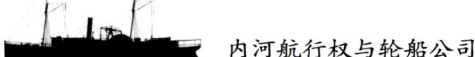 内河航行权与轮船公司

民生实业公司是1926年6月10日由卢作孚创立，7月23日，"民生"轮（70吨）首航重庆到合川的航班。1930年代，民生公司曾经历与外国航运商的恶性竞争，最后卢作孚利用民族情绪赢得这场竞争，并大肆收购倒闭的华商与外商公司的轮船。不仅如此，在四川实力派军阀刘湘、刘文辉的支持下，连各大小军阀的轮船都并入民生公司营运。民生公司由川江航线的小公司起家，到后来竟成为除了国营的招商局外最大的民营航运公司。

川江航运与民生公司

由重庆朝天门码头俯瞰江面,一艘法国聚福洋行的"福源"轮正要离岸。所谓法国洋行,实际上是华人开设的。由于四川的军阀经常扰民,因此华人航运商都把船籍登记在西方领事馆名下,其中以法国最多。法国甚至在重庆开设了"法国水师营",并派驻有浅水炮舰,譬如图中出现的"柏年"(Balny)号。

抗战爆发后，来自全国各地大学与工厂的大批物资设备堆积在宜昌河滩边等待撤运往重庆。但轮船不够，枯水期将至，日军即将抵达，局面一片混乱。是卢作孚设计出最有效率的运输方式，并调动自己公司的轮船全力支持，才把这些宝贵的物资设备抢在日军抵达前紧急运输完毕，为坚持抗战奠定了物质基础。

川江航运与民生公司

民生公司轮船在抗战期间是大后方运输的主力,也因此多次遭日机轰炸,损失惨重。图为"民族"轮在嘉陵江遭到日军一式陆攻(轰炸机)的投弹攻击。

 内河航行权与轮船公司

卢作孚利用抗战的契机,将民生公司发展成中国最大的民营航运企业。图为战后的民生公司轮船"民宪"号满载复员军人,由重庆顺流下驶,通过南京燕子矶江面开往上海。

川江航运与民生公司

美国海军的中型登陆舰（LSM）吃水浅、马力大，原来是为登陆作战设计，但这种特性用于川江航运却非常适合，所以民生公司在战后以剩余物资方式购入 11 艘作为商船使用，并以"江"字号来命名，譬如这艘奋力冲过浅滩往上游重庆驶去的"赣江"号。

东北内河航运

　　东北内河航运以松花江、黑龙江流域为主。由于地理上的特性，各江的出海口都在俄国境内，造成东北的轮船航运业务大多由俄罗斯人掌握经营。1917年俄国十月革命爆发，在远东的俄罗斯航运商纷纷变卖资产，让华商有机会介入。东北内河航运使用明轮船为主，并且在冬季封冻期停航。

　　除了松花江与黑龙江流域，东北航运还有中朝边境的鸭绿江、大同江、图们江等内河航线。当年东北与朝鲜都是日本人的势力范围。

东北内河航运

松花江流域航运都是使用明轮船，在 1917 年十月革命之前大多由俄国人控制。图为松花江大铁桥前的码头。松花江每年在 10 月后进入枯水期与封冻期而逐渐停航。

 内河航行权与轮船公司

哈尔滨早年是俄国的势力范围，无论铁路或是航运都是由俄罗斯人经营。像 1903 年通车的松花江大铁桥就是俄国人的中东铁路桥，桥下通过的明轮船也是俄国人在经营。1917 年俄国十月革命爆发，哈尔滨的俄国航运商纷纷抛售船只，由华商接手成立戊通航业公司经营，之后由张作霖成立东北联合航务局统合经营。

松花江与黑龙江的内河航运

东北松花江与黑龙江的内河航运原来由俄罗斯人独揽，1917年十月革命后许多白俄逃难，纷纷将轮船与码头设施廉价售予当地华人，1918年戊通轮船公司就是在这样的背景下成立的。虽然戊通公司的轮船都是收购原俄罗斯人所经营的公司，但苏联政府借口其为俄国人所有不得售予外人而全数扣留，至次年5月才放回。以后又要求戊通公司分摊之前俄国投资航标设备的一半资金，而船只也经常被苏联红军与白俄双方拦截扣留，再加上日本人也私下购并介入经营，因此戊通轮船公司的经营陷入困境，只得于1921年请求收归中央，成为官商合办，最后演变成东三省政府收回全部官营的东北航务局。东北航务局下辖各种船只130余艘，吨位10余万吨。

东北联合航务局辖下的轮船大多为浅水江轮而且是明轮船的型式。东北的气候特性一年有好几个月河川是封冻期不能营运，所有的轮船都搁置在江边无法移动。由于东北联合航务局与东北海军关系密切，所以东北海军最初建立时的三艘浅水炮舰"江平"号、"江通"号、"江安"号就是由戊通公司的轮船"江宁"号、"江津"号、"同昌"号改装而成。

图为在中朝边界大同江上的"平安"号小火轮,后方是大同城楼。在1930年代,东北与朝鲜都沦为日本的殖民地。

其他华籍航运商

从前的中国基础建设落后,陆上交通系统譬如铁路、公路都不发达,而当时航空事业更不普及,只是少数有钱人的专利,更谈不上航空货运,因此全都得依赖水运。这个庞大的市场需求不仅洋商,华商也看得出来,纷纷投资。但受限于能力加上利之所趋,二战前的华商大部分着眼于内河航运,海运只有口岸之间的近岸航线,对于跨洲跨洋则力有未逮,连官方资本的招商局都难以办到,何况私人航运商,所以当时的越洋航运仍然是洋人的地盘。

挂着五色商船旗的"北铭"号轮船属于直东轮船公司,是排水量661吨的货轮,1922年建造,后被日本人征用,改名"并南丸",1942年12月8日沉没。

其他华籍航运商

内河航行权与轮船公司

作为对外开放港口，宁波可比上海资格老得多，早在遣唐使时代宁波就是与日本对口的航运贸易口岸。根据1842年中英南京条约"五口通商"，宁波也是与广州、厦门、福州、上海并列。上海虽然后来在"五口"当中一枝独秀，但上海的航运、贸易、金融事业其实也多半是由宁波人掌握，等于是宁波商人把地盘扩充到了上海。所以能让宁波商人来往于两地的沪甬航线就十分重要了。当年除了洋商与招商局外，最大的华人航运商是宁波人虞洽卿。他不但是洋行与银行的买办，自1909年起还先后拥有宁绍、三北、鸿安三家轮船公司，经营上海至宁波、上海至汉口等航线的业务。

这艘于1909年向福建马尾造船厂采购原法国东方轮船公司订造的客货轮"宁绍"号，排水量2641吨，是宁绍轮船公司的创业船。图中显示它自上海驶来正要准备靠泊宁波港码头，前方为一艘招商局的轮船。当年在沪甬航线，虞洽卿联合宁波帮以每张票三角（公司补贴两角）的低价与英商太古公司竞争，抢下了市场。1912年再向上海英商瑞熔船厂订造"新宁绍"轮（排水量3407吨）一艘。虞洽卿于1913年独资创办三北轮船公司，1916年自英商购并鸿安轮船公司，航线遍及沿海及长江内河。

其他华籍航运商

政记轮船公司是由旅顺人张本政在 1904 年成立,在日本人的羽翼下发展壮大,最多的时候有 30 艘轮船,是华北第一大航运商。图为政记轮船公司的船队在烟台港内。政记公司在二战时损失 14 艘轮船,并在战争结束时倒闭,张本政被以汉奸罪名判刑 12 年。他弃保潜逃,1951 年在"镇反"中被枪决。

"广源"轮事件

1937年7月30日，美国旧金山的中国总领事馆接到美国金山通用轮船公司（General Steamship Corporation）代表中国烟台的永源轮船公司的申请，为其刚刚从美国苏登克里相森航运公司（Sudden &Christen Son）购买的一艘排水量2244吨，原名"埃德娜·克里斯坦森"号（Edna Christensen），后改名"广源"轮（SS Kwang Yuan）的货船发给中国船籍证书。

总领事馆发现，这艘轮船的船长、大副以及轮机长等高级船员全部都是日本人，其余二十多名船员虽然都是中国籍，但却都正在美国移民局看管之下。船上装载的货物是2000多吨废钢铁。这2000多吨废钢铁显然是日军制造军火的原料。总领事馆甚至怀疑永源轮船公司根本就是汉奸代表日本人出面而成立的，总领事黄朝琴决定不予发给船籍证书。这样一来"广源"轮就无法离开旧金山港。永源轮船公司随即又暗中将船转售给英国航运公司，试图申请英国的船籍证书，黄朝琴知道后立刻核发船籍证书，确立其为中国船籍，但却又要求美国海关"暂时保管"船籍证书，于是"广源"轮仍然无法离开旧金山港。

1938年初，"广源"轮船长河野吉助多次企图升火移动船位，为防止"广源"轮脱逃，总领事馆发动华人虾寮工会轮流派船进行监视。半年后日方又将"广源"轮转售给大阪船舶株式会社，然后发出日本船籍证书，再向美国海关要求放行。

中国总领事馆得知后立即发表声明，指出"广源"轮的船籍证书还在中国总领事手中，怎么可以无证转售？同时向美国航政司要求延长"广源"轮出港日期，以澄清到底哪一份船籍证书才是有效的。

1938年4月，中国籍船员与日本籍船员发生冲突，船长河野吉助便声明开除全部中国籍船员。日方新船主大阪船舶株式会社声称船员叛变，要求美国警方依法登轮拘捕，并将船只交还船主。中方则于1938年4月27日宣布征用"广源"轮，并委派中国籍二副赵子明为船长。

船一旦被征用就成为公船，不受地方政府管辖，日方向美国法院控告就失去了法律依据。因为中国公船根据国际法，是中国领土的延伸，船上船员之间的纠纷属于中国领事权限，美国法院无权干预。虽然船上的废铁被美国法院判决属于日本横滨正金银行，但因轮船本身属于中国，日本方面也无法上船提货。

日本横滨正金银行曾向美国法院提起诉讼，要求将船上的2000多吨废钢铁在码头卸货。中方并不否认日本拥有这批废钢铁，但却不让日方登船卸载，也反对美国法院对货船具有管辖权。美国联邦法院于1939年6月以该轮不属于美国法院管辖范围为由拒绝受理。日方既得不到船，也拿不到这批废钢铁。

"广源"轮在经过四年的风吹雨打，由于缺乏维护保养后已经不堪使用，被总领事馆当作废铁变卖。最后日本正金银行还是取回了船上的2000多吨钢铁，但却又遇到美国宣布对日本禁运，无法运回日本，只好就地廉价卖给美国的钢铁厂。

其他华籍航运商

1937年发生在美国旧金山的"广源"轮事件，是一场以轮船以及船上装载的废钢铁为标的，中国总领事馆与华侨联合起来对付日本的斗争，整个过程高潮迭起，堪称是运用美国法律取得诉讼胜利的经典之作。"广源"轮事件发生时，旧金山的金门大桥正好完工举行试通车，本图表现的就是"广源"轮在日本船长控制下心急如焚地想通过金门大桥将废钢铁运回日本，可是"广源"轮从此以后再没有机会通过金门大桥离开旧金山港区。

内河航行权与轮船公司

这艘正驶入澳门口岸,外貌像军舰的轮船是肇兴轮船公司在第二次世界大战后购入由澳大利亚扫雷舰"本迪戈"号(HMAS Bendigo)改装的"祥兴"号客轮。此轮于1949年滞留香港,之后驶返内地,被华东军区人民海军征用,改为护卫舰"洛阳"号。

其他华籍航运商

 内河航行权与轮船公司

1949年1月27日（农历除夕前一天）夜晚，中联公司向太平船务公司租用的"太平"号客货轮（排水量2489吨），载运国民党中央银行重要文件一千多箱、《东南日报》全套印刷设备与白报纸100多吨、钢材600吨，由上海驶往基隆途中在舟山群岛附近海域与"建元"号货轮（益祥轮船公司代理，无锡面粉大王荣氏家族荣鸿元所拥有）相撞。"太平"轮的船艏切入"建元"轮腰部第二货舱，载着2700吨煤与木柴的"建元"轮立刻沉没，只有三管轮和一名水手被"太平"轮救起，包括船长在内的72名船员全部遇难。大量进水的"太平"轮希望冲向附近沙滩搁浅以便减少伤亡，但不幸只撑了15分钟就沉没，船上有近一千人落水，数小时后一艘澳大利亚军舰前来救起38人（包含6名船员），包括船长的其他人全部遇难。

"太平"轮上当时搭载了许多携带巨款财宝从上海开出逃往台湾的富商，出事后理赔金额庞大。当时轮船公司一般都会向英国的保险公司投保，但"太平"轮的保险却是例外，因为股东之一蔡天铎的一位朋友当时在上海新成立了一家华泰保险公司，蔡于是就把"太平"轮的保险业务给了这家公司承保。不料"太平"轮一出事后，这家保险公司立刻宣布倒闭，所有赔偿都得由中联轮船公司自己负责。最后因负担不起，旗下所有的船只都被查封于台湾高雄，中联轮船公司就此结束。

中华人民共和国航运事业

　　由于船舶是解放军可能用来跨海进攻台湾的重要工具，因此国民党在离开大陆时将所有堪用的海轮甚至内河轮船全都带走，开不动的就地炸毁，所以中华人民共和国建立时航运事业几乎是一片空白，只有少数起义的船只可供运用。随着朝鲜战争爆发，东西方冷战对立时代开始，中国也无法从英美等传统海运大国获得轮船，只能依赖东欧盟友，所以中波轮船公司应运成立。当时台湾海峡制海权在美国第七舰队手中，所有自欧洲来中国大陆的船只都要远绕台湾东方海域以免被扣。即使如此，在1950年代仍发生多次截击拘留事件。

1949年避居香港的招商局"鸿章"号(船长蔡良)与"蔡锷"号(船长左文渊)、"邓铿"号(船长刘维英)、"成功"号(船长张文豪)、"林森"号(船长珠颂才)、"教仁"号(船长杨维成)六艘N3型轮于1950年2月在香港与其他招商局轮船共十三艘一同北驶起义。

中华人民共和国航运事业

中波轮船公司的"柏拉沙"号（Praca）油轮满载 9000 多吨油料与杂货于 1953 年 10 月 4 日在台湾东岸被国民党海军劫持。在被军舰拦截之前天空已经有美国飞机跟踪监视长达一小时。中波轮船公司是中华人民共和国为了突破西方国家的封锁，与波兰于 1951 年合资创办的航运公司，也是中华人民共和国第一家中外合资企业。"柏拉沙"号后来被国民党海军没收，改为运油舰"贺兰"号。

中波轮船公司的"高德瓦总统"号（Prezedent Gottwald）货轮满载五金杂货 7066 吨于 1954 年 5 月 12 日在台湾东岸被国民党海军劫持，图为国民党海军"太湖"舰发炮警告"高德瓦总统"号停止前进。该轮后来被国民党海军接收，改为运油舰"天竺"号。

中华人民共和国航运事业

 内河航行权与轮船公司

1954年6月，苏联油轮"陶普斯"号（"Tuapse"）由中东载运原油航向天津港时被国民党海军"丹阳"号驱逐舰在台湾海峡（东经120度39分，北纬19度35分）扣押，并开往高雄港。因油轮体积庞大，又是满载，军舰拖不动，只得派员登上油轮尝试发动主机自行驾驶。

此船是根据来自海外的情报，并由国民党海军总司令马纪壮上将亲自指挥海空搜索而捕获，除了没收船只外，船上所载的大批航空汽油也成为战利品，卸载后交由国民党空军使用。事发之后苏联除向美国抗议并上诉国际法庭，美国指称苏联提不出证据，最后不了了之。

此船上的苏联籍水手中有39人经法国政府代苏联出面斡旋后，于1955年7月遣返回国，另有10名则要求政治庇护。后来这批人曾在宜兰与桃园等地集中居住长达三十多年，很可能是替情报局工作。这批人直到1980年代后才离开台湾。

国民党海军于1955年10月20日接收"陶普斯"号，改为运油舰，命名"会稽"号，舰号"306"。

中华人民共和国航运事业

 内河航行权与轮船公司

1960年印尼发生排华运动，华侨向中国政府请求派船接运，当时中国缺乏远洋客轮，于是紧急通过东欧盟友捷克向希腊航运商采购一艘旧的英国客轮"高原公主"号（SS Highland Princess），改名"光华"轮，并立刻派员赴罗马尼亚接收，开回广州修理。1961年4月28日，该船修毕后立即开往印尼接侨。

"光华"轮出发时船上装载有解放军海军战士及枪炮，而且返航时南海舰队全面警戒（图为南海舰队旗舰"南宁"号护航"光华"轮回到广州）。从今日眼光看觉得不可思议，但若了解当时的环境就可明白。在20世纪五六十年代，台湾周遭海域的制海权掌握在国民党海军及美国第七舰队手中，大陆商船必须远绕兰屿东方回避，否则可能连船带人被劫持。

渡轮

　　早年工程技术落后，缺少跨江大桥或隧道，河、港或离岛都得依赖轮渡作为唯一的交通工具。尤其中国有像长江或珠江这种大河，许多城市分隔两岸，更需要渡轮穿梭联系，譬如上海、广州、武汉等地。至于香港维多利亚湾虽然不是河流，但本岛与九龙之间航行的天星小轮已成为香港著名的标志。现在虽然跨江大桥与隧道在大都市非常普遍，速度缓慢的轮渡已经不再符合现代生活节奏，但它并没有退出市场。现在的渡轮扮演观光的角色更胜于交通，让人们在大都市中也可以体验轮船这种百年传统交通工具氛围。

内河航行权与轮船公司

有多条河流经过的上海原来就有许多民间的手划舢舨,扮演摆渡的角色。小火轮渡船最早自1910年始,1927年由上海特别市政府公用局成立公营的轮渡单位。当年上海渡轮有数艘还有中国宫廷式装潢,很具特色,并且市民可包租渡轮办婚礼与酒会。右后方则是汽车渡轮"泾航"号。

渡轮

香港天星小轮

香港天星小轮创办至今已超过130年，据说因创建者是一位波斯人，所以从一开始就以"星"来替渡轮命名。以下是香港天星小轮历来船只的中英文船名与服役年代（从最早的蒸汽动力的单层木壳船开始）："晓星"号（Morning Star，1871—1898年）、"夜星"号（Evening Star，1888—1902年）、"新星"号（Rising Star，1890—1902年）、"导星"号（Guiding Star，1896—1903年）、"晓星"号（二代 Morning Star，1897—1903年）。

到了20世纪开始出现水锅蒸汽双层木船："北星"号（Northern Star，1900—1927年）、"南星"号（Southern Star，1900—1927年）、"极星"号（Polar Star，1901—1927年）、"晓星"号（三代 Morning Star，1904—1928年）、"夜星"号（二代 Evening Star，1904—1934年）、"金星"号（Golden Star，1924—1968年，1953年改为柴油发动机）、"午星"号（Meridian Star，1924—1956年）、"日星"号（Solar Star，1926—1958年）、"晚星"号（Night Star，1926—1958年）、"北星"号（二代 Northern Star，1928—1959年，见左图）、"电星"号（Electric Star，1933—1968年，1948年改为柴油发动机）。

到了二战后出现了柴油发动机与铝质头等舱的双层木船，部分战前留下的旧船亦比照改造，这批船现在大多仍在役："东星"号（Oriental Star，1955—1973年）、"天星"号（Celestial Star，1956—）、"耀星"号（Radiant Star，1956—1971年）、"午星"号（二代 Meridian Star，1958—）、"日星"号（Solar Star，1958—）、"北星"号（三代 Northern Star，1959—）、"夜星"号（二代 Night Star，1963—）、"辉星"号（Shining Star，1964—）、"晨星"号（Day Star，1964—）、"荧星"号（Twinking Star，1964—）、"晓星"号（四代 Morning Star，1965—）、"银星"号（Silver Star，1965—）。

1980年代开始不再建造木壳船，全部都采用钢铁材质，仍是柴油动力："后星"号（Lady Star，1988年改为贵宾船"太平洋公主"号（Pacific Princess）、"龙星"号（Dragon Star，1988—）、"金星"号（二代 Golden Star，1989—）、"世星"号（World Star，1989—）、"海皇星"号（Netune Star，1999—）。

香港在过海隧道开通后大部分人都舍搭渡轮而就汽车，天星小轮古典可爱的模样成了观光客的最爱，有人可以来回坐好几趟，因为没有任何交通工具比它更廉价，更适合观赏维多利亚湾的海景风光。

渡轮

1935 年"建夏"号渡轮完工,行驶于汉口与武昌之间。

海关与邮政电信轮船

　　旧中国由于历史原因,海关是由洋人主导,而且海关不仅管理关务,还兼管航政、灯塔与邮政,这在世界各国都是罕见的。海关由于需要缉私,建立了颇具规模的巡缉舰队,舰长与高级船员都由洋人担任,成为一支高度专业与有效率的准海军部队。由于海关对于舰船与海事的了解,因此清末建立现代海军时就通过海关向英国采购军舰,所以海关实际上成为大清海军诞生的保姆。基于以上几点,谈内河航行权与航运历史就不能不提到中国海关,因为关税权与航行权是一体的两面,清廷虽然开放列强在中国内河经营航运业务,但并不表明不用缴关税。由洋人主导的海关同时管理关务与航政,有时能显得更为公平并有效率地征得关税。

海关与邮政电信轮船

江海关即上海海关,是当年全国关税收入最高的海关,建筑自然也不同凡响。目前在上海外滩中山东路13号的大楼是其第四代建筑,于1927年12月19日正式落成。大楼总高度79.2米,当年是上海外滩最高的建筑,钟塔是上海的地标,原来演奏"西敏寺"钟乐,"文革"时被改为"东方红",1986到1997年曾恢复原来的音乐,2003年又改回"东方红",但不是机械钟乐而是电子播放。

内河航行权与轮船公司

1924年1月21日武汉江汉关新大楼落成，建筑面积4009平方米、主楼四层高45.85米、钟楼五层高23.1米，为当时武汉最高建筑。江汉关大楼位于汉口市江汉路与沿江大道交会处突出江面的地段，利于监视江面的活动。与上海的江海关大楼不同的是，它的正面并不向着江面而是朝向沿江大道，而且至今演奏原来的"西敏寺"钟乐。

海关与邮政电信轮船

"凌风"号与同级的"飞虎"号都是 1868 年服役,是早年海关极少数由法国购入的缉私舰。它有三根桅杆可并用风帆,铁肋木壳,排水量 319 吨,船长 139.7 米、宽 7.37 米,蒸汽主机双轴推进,武器包括 2 门 20 磅炮以耳台方式装置,舰艉有一门可旋转 90 度的格林炮。

内河航行权与轮船公司

图为中国海关的"德星"号缉私舰在浙江外海临检船只。中国海关早年是由西方人管理的,并且关税被作为支付不平等条约赔款的抵押品。由于当时税捐体系不健全,关税是相对容易征收得到的税源,为了要保证能够尽早偿还赔款,西方人主持下的中国海关效率是很高的。

海关与邮政电信轮船

 内河航行权与轮船公司

图为海关缉私舰"厘金"号停泊在福州泛船浦的海关办公楼前。中国海关由于是洋人管理，加上经费充裕，在各地海关都建设了西方式建筑群，包括办公楼、码头、仓库、税务司公馆、医院、社交空间等，成为当地西方人的聚集地。尤其海关本身就拥有陆地与水上武装，加上与当地列强领使馆关系良好，常在动乱时成为洋人最好的庇护所。

海关与邮政电信轮船

 内河航行权与轮船公司

图为中国海关在抗战前最大的一艘缉私舰"福星"号停泊在上海外滩的江海关大楼前。这幢江海关大楼是第四代,建于1927年,高耸的钟塔与由英国进口的大钟是它的特色。

高速汽艇母舰"福星"号是由挪威籍商船"枫叶"号(Maple Leaf)改装,满载排水量6800吨,在舰桥前端装设龙门式吊艇架,搭载10艘英制高速快艇,可以分头围捕走私船,颇具成效。

1937年8月淞沪会战爆发,电雷学校的"史102"号鱼雷艇在上海黄浦江突击日军旗舰"出云"号,由于"福星"号搭载的快艇与电雷学校英国制造的CMB鱼雷艇十分相似,日军以为鱼雷艇是来自"福星"舰,于是强行登舰接收,后作为特务舰,改名"白沙丸"。

海关与邮政电信轮船

图为一艘开办级海关缉私舰进入香港水域。海关舰艇许多在香港制造，并且出入自如。清代将海关的管理权力让西方人掌握，从而建立了一支由西方人担任船长、华人担任水手、大批缉私舰艇组成的高效率准海军部队。海关舰艇的舰艏旗是绿底黄色打叉的图案，这是1862年阿思本舰队时代由海关总税务司李泰国设计的。这面旗中国台湾海关一直沿用到1980年代，舰尾则是悬挂类似中国商船旗图案的海关舰船旗（商船旗是青天白日满地红上加黄色波浪纹，海关船旗则是绿色波浪纹）。

内河航行权与轮船公司

中国海关的缉私舰艇在抗战期间损失殆尽，战后便利用盟军舰艇大量除役的机会，从市场上低价采购，重建了海关缉私舰队，其中最多的就是原美国海军的赞赏级（Admirable）扫雷舰。图为该级舰的"鸿星"号在台湾基隆港。此级缉私舰到台后许多被恢复成军舰使用。

海关与邮政电信轮船

 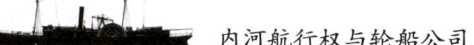

内河航行权与轮船公司

海关隶属于财政部,有钱就能组建自己的武装部队,譬如战前税警团的装备远优于国军的陆军部队。而海关缉私舰艇就是财政部可控制的准海军部队。

海关"海星"舰曾在 1948 年 12 月 1 日奉命搬运国民党中央银行黄金 80 吨及银元 120 吨由上海到基隆,这是四次运金行动的第一次。这批黄金与银元原存在上海外滩中国银行大楼地下室的金库,中国银行由于地利之便,只要把外滩中山路两端封锁就可将黄金神不知鬼不觉地直接跨过街搬上停泊在银行门前码头的舰船。但人算不如天算,一个在隔壁华懋酒店(今和平饭店)发稿的路透社记者由高处俯看到这一幕,并由挑夫沉重的感觉推估是黄金,当即透过电报发稿到伦敦,第二天全世界都知道国府暗中将黄金转往台湾,上海的金融信心立即崩盘,民众开始挤兑。

海关与邮政电信轮船

昔日中国海关还要负责海务管理,如海图测绘、灯塔建立与维护等,所以海关缉私舰队中有许多"灯塔补给船"。由海关管理灯塔的传统在中国台湾一直延续到21世纪之后才改变。

关于中国海关

从清末到民国初年，中国的海关是由外国人在管理，这在全世界都是非常特殊的。

有人说中国海关由于战争赔偿抵押给列强，所以整个海关内的高级官员全部都是列强派来的，这一说法只有部分是事实，并倒因为果。真实的原因是旧的海关因上海小刀会起义而瓦解，中国官员四散奔逃，洋人为了维持贸易秩序，各国派代表组成委员会暂时接管海关业务。事过之后与清廷谈判，建议海关仍是在中国政府的机构下由洋人替清廷经营海关业务以增加收税效率，于是双方达成协议，从此海关成为清政府中的一个特例，所有在海关工作的洋员都是中国政府的雇员，并不代表他们各自母国的利益而是效忠于中国。由于这些洋员，中国海关成为清政府中最为廉洁、效率最高的机构，也由于关税能够正常稽征，涓滴归公，清政府才有能力偿付之前与之后的战争赔款，并还有余力支持海军与实业建设。

值得一提的是，昔日中国海关的业务职掌范围远超过其他国家，譬如海务管理包括海图测绘、灯塔与航标的建立与维护等。这是由于早年中国政府无力提供航运商安全的航运环境，造成海难频传，严重影响关税收入，各国政府向中国施压，但中国政府无此专业，看洋人办理的海关颇有效率，于是顺水推舟将海务交由海关兼管，这就是中国海关缉私舰队中有许多"灯塔补给船"的由来。

早年海关甚至还兼管邮务，直到清末成立大清邮政才移交业务，但曾经隶属海关受到西方人管理的影响，让中国的邮政一直不同于其他政府机构而呈现一种洋派作风。

海关与邮政电信轮船

由于中国邮政最初由海关兼办,所以邮局在各地都兴建与海关大楼类似壮观巍峨的大厦,像位于上海苏州河边四川路桥北侧的上海邮政总局大厦,始建于 1924 年,大楼的营业大厅特别宏伟,号称"远东第一大厅"。图中天空一架中国航空公司的"重庆"号邮务飞机(美制洛宁 C2H" 型水上飞机)飞过,当时邮政是空运第一大业务,所有航空公司的飞机都兼运邮包,并在机身上漆有"邮"字。

内河航行权与轮船公司

上海邮政总局自1919年启用"鸿飞"号邮务艇，用于黄浦江内的邮包驳运。上海邮政总局从1906年最早开始使用邮务艇，当时称为"邮艇"。

海关与邮政电信轮船

刘铭传时代就已经铺设台湾淡水与福州川石岛之间的海底电缆，让闽台之间的巡抚衙门可以实时互传情报。在没有海底电缆之前只能使用专运公文的船只，耗费时日、延误戎机，既不可靠，成本又高。图为台湾商务局的"飞捷"号轮船停泊外海，由人力牵引电缆上岸。

邮政与电信

除了轮船、铁路与航空，交通项下的邮政、电信与公路也都是自西方引进。由于海关在西方人的主导下运作顺畅，所以清廷习惯将这类事务交予海关统筹。就像海务一样，中国的邮政业务最初也是委由海关办理，虽然后来交由盛宣怀的邮传部接手，但保留了海关传统而比较像洋机关，与一般中国政府机关很不同。早年邮政的重要性今天很难想象，譬如专用的轮船与飞机，事实上民航业务的开始就是以邮务为主，载客为辅。

早年电报业务刚开始时，有些国家是邮电合一，如日本。但在中国从一开始就是独立的，而且是由小国丹麦在上海成立"大北电报局"，掌握全中国电报的业务。其实"大北电报局"的背景是由丹挪、丹俄、挪英三家公司共同组成，实际操作者仍是英国人。至于港澳地区则是由另一家英国人成立的"大东电报局"掌控电信业务。

国际电报往往必须经由海底电缆连通，中国台湾因岛屿的特性更是需要，早在1887年，刘铭传通过怡和洋行向比利时采购旧电缆运来台湾，铺成淡水通往福州川石岛（177海里）以及台南安平通往澎湖（53海里）的海底电缆，于1888年完工，这是中国第一条海底电缆。

海底电缆对台湾至为重要，在从前台闽之间督抚衙门的联系得靠运送公文的专舰，天气好时也得许多天才到得了福州，海况不佳时根本就断了音讯。甚至仗已经打完了，朝廷还不知道敌人来袭，遑论指令或支援。有了海底电缆传递电报，官员不能再像过去那样推诿拖拉而必须配合新的节奏。即使是互联网与无线通信如此发达的今天，洲际之间的主干道仍是海底电缆。

附录 在中国海域经营的航运商船旗

大清帝国商船旗

中华民国商船旗

中国人民轮船总公司

伪满洲国商船旗

香港天星小轮公司
The Star Ferry Ltd.

英商太古洋行
Swire Group

英商怡和洋行
Jardine Matheson & Co.

英商铁行轮船公司
Peninsular and Oriental Steam Navigation Co.（P&O）

英商德忌利士洋行
Douglas Steamship Co.

英商蓝烟囱轮船公司
The Blue Funnel Line

加拿大太平洋轮船公司
Canadian Pacific Railway Co.

意大利邮船公司
Lloyd Triestino Co.

北德意志—劳埃德海运公司
Norddeutscher Lloyd

奥地利—劳埃德海运公司
Austrian Lloyd

太平洋邮船公司
Pacific Mail Steamship Co.

内河航行权与轮船公司

美商大来洋行
Dollar & Co.

美商美孚火油公司
Mobil Oil Co.

英荷商蚬壳火油公司
Shell Petroleum Co.

招商局（战前）
China Merchants Steam Navigation Co.（Post War）

招商局（战后）
China Merchants Steam Navigation Co.（After War）

省港澳轮船公司
The Hong Kong, Canton & Macau Steamboat Co.

日清汽船株式会社
Nissin Steamships Co.

日本邮船株式会社
Nippon Yusen Kaisha（NYK）

大阪商船株式会社
Osaka Shosen Kabushiki Kaisha

大连汽船株式会社
Dairen Kisen Kabushiki Kaisha

民生实业
Minsheng Industrial Co.

中波轮船公司
Chinese-Polish Joint Stock Shipping Co.

作者 姚开阳

本书的文字与插画作者姚开阳家学渊源，祖辈在长江经营轮船公司，家族中很多亲友与诸多中国近代海军历史上的关键人物都有直接的关系。姚开阳本人致力于研究中国海军舰艇超过50年，曾赴英、美、法、日各国搜集相关史料，建立了全球规模最大的中国舰船照片数据库，同时在军事杂志撰写中国军舰史专栏多年，并经常在国内外的学术研讨会上发表论文及演说，是这个领域的重量级人物。

1996年，姚开阳汇集多年研究成果，创立"中国军舰博物馆"网站，成为中文网络博物馆的先驱，在当时也是全球规模最大的网络博物馆。它完全仿照真实的博物馆建置与经营，内容从清代开始直到现在，举凡海军、水警、海关、商船，甚至伪政权、地方势力、游击队等，无所不包，无论是史料的完整性，还是数据量，都无出其右者，从此开启研究中国军舰史的风潮。2010年更创立网络杂志《中国军舰史月刊》。

姚开阳本身还是实体博物馆的设计师。他曾同时担任2010年上海世博会中国国家馆与台湾馆的创意总监，拟定国家馆的主题。其设计出的全息动感《清明上河图》、720度全天域球幕与点天灯祈福等创新项目，在世博会上获得巨大成功，2012年更应邀以此为主题在美国博物馆协会的年会上发表演讲。

　　姚开阳同时也是中国科技馆4D电影院（北京）等多个国家级博物馆工程的设计师，并拥有多项展示形式与技术的专利。在海洋馆方面，他曾经担任中国航海博物馆（上海）、中国台湾海洋生物博物馆（屏东）古代海洋电子展示、阳明海洋文化艺术馆（基隆）、海洋探索馆（高雄）等的展示设计师。

　　不仅如此，姚开阳还亲自学习航海技术，获得机动船驾驶与海上通信救生、重型帆船初阶与进阶等证书。航海的专业训练与实际经验让他比一般纸上谈兵的文史研究者更能深入理解资料背后的意义，更能体会海洋文化的精神。

　　姚开阳还是个多领域的创作者，包括电影编导、小说文学、专栏评论、美术插画与音乐、表演艺术等多方面，跨媒体的创作能力使得他无论在海洋博物馆、主题乐园或电影领域都游刃有余。尤其是结合舰船知识与插画的能力，才能让这本图集得以以现在这样的方式问世。

　　姚开阳曾担任广告与3D/4D电影导演长达30多年，许多作品都与航海有关；也曾为多个博物馆与主题乐园设计监造虚拟体验潜水艇系统。他还对近代史特别有兴趣，其所创作的历史小说《中国珍珠》内容横跨整个20世纪，篇幅长达45万字，对于历史考证的细致程度，曾经让许多人误以为史实而成为论文、著作与媒体所引述的史料依据。

图书在版编目（CIP）数据

内河航行权与轮船公司 / 姚开阳著 . -- 上海：
上海社会科学院出版社, 2019
（绘本中的炮舰外交）
ISBN 978-7-5520-2696-2
Ⅰ.①内… Ⅱ.①姚… Ⅲ.①机动船－世界－图集
Ⅳ.① U674.92-64

中国版本图书馆 CIP 数据核字（2019）第 024272 号

内河航行权与轮船公司

作　　者：姚开阳
插　　画：姚开阳
责任编辑：陈如江
封面设计：舒正序
出版发行：上海社会科学院出版社
　　　　　上海市顺昌路 622 号　邮编 200025
　　　　　电话总机 021-63315900　销售热线 021-53063735
　　　　　http://www.sassp.org.cn　E-mail:sassp@sass.org.cn
印　　刷：上海普顺印刷包装有限公司
开　　本：890×1240 毫米　1/16
印　　张：13
字　　数：130 千字
版　　次：2019 年 4 月第 1 版　2019 年 4 月第 1 次印刷

ISBN 978-7-5520-2696-2/U·002　　　　　　　　　　　　　　　　　　定价：168.00 元

版权所有　翻印必究